中文表达技巧丛书

口若悬河

演讲的技巧

（修订版）

吴礼权 编著

暨南大学出版社
JINAN UNIVERSITY PRESS

中国·广州

图书在版编目（CIP）数据

口若悬河：演讲的技巧（修订版）/吴礼权著. —广州：暨南大学出版社，2014.1（2014.9重印）

（中文表达技巧丛书）

ISBN 978 - 7 - 5668 - 0713 - 7

Ⅰ.①口… Ⅱ.①吴… Ⅲ.①演讲—语言艺术 Ⅳ.①H019

中国版本图书馆 CIP 数据核字（2013）第 181050 号

....

口若悬河：演讲的技巧（修订版）

著　　者　吴礼权

出 版 人　徐义雄
策划编辑　杜小陆
责任编辑　余泓颖
责任校对　刘　璇
出版发行　暨南大学出版社（广州暨南大学　邮编：510630）
网　　址　http：//www.jnupress.com　http：//press.jnu.edu.cn
电　　话　总编室（8620）85221601
　　　　　营销部（8620）85225284　85228291　85228292（邮购）
排　　版　弓设计
印　　刷　佛山市浩文彩色印刷有限公司
开　　本　787mm×960mm　1/16
印　　张　13.75
字　　数　195 千
版　　次　2014 年 1 月第 1 版
印　　次　2014 年 9 月第 2 次
定　　价　29.80 元

编辑寄语

本书系著名修辞学家、中国古典文学专家、历史小说家，复旦大学中国语言文学研究所教授、博士生导师吴礼权博士所著，2004年由吉林教育出版社作为"中华语言魅力丛书"之一种出版，深受学术界好评与认同，已故著名语言学家、国家语委语言文字应用研究所研究员陈建民先生曾专门撰文评论道：

读王力、吕叔湘先生的著述，领会的深浅是自己的水平问题，根本不存在读不懂的感觉。而今，为什么一些不见经传的人写的文章，我们却完全读不懂呢？是自己理解能力退步了呢？还是年轻人的文风有问题了呢？久思不得其解，最终想到了西方哲学家叔本华说过的一段名言："世界上没有任何一件事比把一个普通的道理讲得让很多人不懂更容易；世界上没有任何一件事比把一个深刻的道理讲得让很多人都懂更难的事。"这才恍然大悟，原来令人读不懂的著作与文章，并不是因为它见解多么高深，而是因为它没有什么实质性的内容和新意，就只好借那些令人弄不懂的新名词新术语和曲里拐弯、绕来绕去的表达方式叫人感到莫测高深。

而读了吴礼权教授的这套丛书，感觉则完全不同。他的书中所提出的观点，所总结的语言表达规律与技巧，都是他长期研究的心得，内容比较扎实。还有书中百分之八九十的篇幅都是作者自己博览群书，从古今各类典籍中找来的典型而生动的例证和紧扣这些例证的具体分析。他的行文有口语之活泼明快、流转自如之长，无口语之破碎繁复、节奏缓慢之短，这得益于作者多年研究口语修辞炼就的功夫。可以说，作者这三本书无论是学术见解还是学术资料，都是"硬通货"。正因为作者书中有"硬通货"，加之作者本身就是研究语言学与修辞学有成就的专家，所以作者在书中对他所要表述的学术见解，所要向读者传达的研究心得，所要传授的语言表达的相关技巧、规律等知识，往往都能找到恰当的语言表述方式，将深奥的学理浅易化，将枯燥的理论生动化，真正达到了作者预期的学术著作平易化的写作目标。书中引到的古代文献并不少，所讲的学理并不浅，但是在作者笔下，古奥的文言例证并没有成为读者阅读的障碍，艰深的理论与学理阐释并没有使读者觉得乏味，反而觉得生动、浅易。因为作者善于用现代生动的语言化解古奥的文言，在不着痕迹的叙述中就把文言例证的故事及所涉及的典故解说得明明白白。这样，读者不仅获得了知识，也同时感受到一种阅读的快慰。因此，只要读者对此三书略略通览，便能感受到其可读性强的特点。可以说，他的文章是按叔本华的话身体力行的，绝无传统意义上的"学究气"，展现在读者面前的是"深奥学理浅易化""平淡情事艺术化"的一种全新的境界，凸显出年轻一代学者的独特魅力与崭新风采。（《语言研究的意义与价值展示——评〈中华语言魅力丛书〉》，载《语言文字应用》2004 年第 4 期）

本书除了在学术界产生了重要影响，在读书界更是受到了广泛好评，相当一段时间内都是非常受欢迎的语言类著作。2005 年获吉林省长白山优秀图书一等奖（吉林省政府奖），2006 年被评为吉林省首届"新华杯"读书节读者最喜爱的十种吉版图书，2007 年被评为吉林省新闻出版奖图书精品奖。

——暨南大学出版社人文社科分社

目　录

引　言：演讲无处不在，演讲需要技巧

我们都知道，演讲是件艰难的事，但是请听听丹尼尔·韦伯斯特是怎么说的吧："如果有人要拿走我所有的财富而只剩下一样，那么我会选择口才，因为有了它我不久便可以拥有其他一切财富。"那么，为什么许多有才华的人偏偏害怕演讲呢？①

这是麦克米兰石油公司副总裁迈克斯·艾萨克松在一次演讲开头所说的一段话。美国政治家丹尼尔·韦伯斯特将口才的重要性提得这样高，我们中国人乍一听，一定以为这是过于夸张了。其实，这是不了解情况。中国古代的圣哲早就有类似的话，他们甚至比洋人更看重口才的重要性。

早在两千多年前，中国的先哲就说过一句名言：

鼓天下之动者，存乎辞。(《周易·系辞上》)

这话的意思很明白，要推动社会前进和变革，靠的就是嘴巴。也就是要有一张能说会道的嘴巴，要会说，才能促使人们觉醒，认识到改革社会、进行社会革命的意义并最终推动社会的进步。

还记得孔夫子也说过类似的话：

子曰："君子居其室，出其言善，则千里之外应之，况其迩者乎？居其室，出其言不善，则千里之外违之，况

---

① ［美］罗纳德·L. 艾普尔伯姆等：《有效的口头交际》，转引自顿官刚编译：《好的开头是演讲成功的一半》，《演讲与口才》1998 年第 2 期，第 26 页。

其迩者乎？"（《周易·系辞上》）

这话的意思也不难懂，它是说君子（也就是有身份有地位的上流社会人士）会说话与不会说话的分别可大了：即使是在屋子里所说的话，如果说得好，影响就要远播千里之外（在古代，资讯不通，交通不便，一句话能传播千里实在是非常了不得的事），其对身边人的影响当然就更不用提了；反之，即使是在非公开场合的屋子里，一句话说得不好，则负面效应往往也要传播千里之外，近身之处的恶劣影响自然不用说了。孔子这话的意思，用中国普通老百姓的大白话来说，叫作："好话不出门，坏话传千里。"道理说得真是透彻！

大家都知道，《周易》很古奥，绝大多数中国人是读不懂的。所以，上述那番话，很多人是不知道的。但是，孔子下面这句话则是很多中国人都晓得的，相信很多中学语文老师都曾把它搬出来教训过学生：

言之无文，行而不远。（《左传·襄公二十五年》）

这话意思是说，说话说得没文采，说得不精彩，没什么水平，那是传播不远的。也就是说，说得不好，话就没有什么影响力，不能成为指导人们行动的指南，最起码不能算名言。孔子的这句话，如果用我们今天的话来说，就是：话说得不好，说得没水准，说了也是白说，一点作用也没有。可见，话说得好与不好，干系是很大的！

历史演进到战国末期，大思想家荀子对口才的重要性认识得更清楚、更充分了。因为大家都知道，战国时代是群雄并起、豪杰辈出的时代，也是中国古代历史上思想学术最为活跃的年头，"百家争鸣"就是那时代的事。那个时代，最令人回味的是"嘴巴"的作用特别大。那年头，只要你有一张能说会道的嘴巴，你就算是默默无闻的穷书生，也能一夜之间声名鹊起，从九地之下蹿升到九天之上，高官得做，骏马任骑，荣华富贵，自然不在话下，甚至可以做一人之下万人之上的丞相大人。能不能做上大官，一展平生的抱负志向，实现自我价值的最大化，关键就看你的嘴上功夫了。那时代，中国的诸侯国多，出国又不要办护照和签证，周游列国是一件十分平常的易事。只要你能说动一个国家的国王，让他信任你，觉得你行，立马就可以封你个大官，丞相也是可以做的。广为中国人所知晓的大名人苏秦，就是靠一张能说会道的嘴巴，由一介穷书生做到了燕国的丞相，最终还挂了六国相印，合纵攻秦。还有他的弟弟苏代，也是一个"名嘴"。他说动燕昭王联秦伐齐的历史功绩，一直载于史册。荀子生活于这样一个游说成风、名嘴辈出并风云不可一世的战国时代，因此对于口才的重要性，自然比历史上的任何贤哲都要看得更清楚。所以他有感而发，说了这样两句名言：

> 言语之美，穆穆皇皇。（《荀子·大略》）
>
> 赠人以言，重于金石、珠玉；观人以言，美于黼黻文章；听人以言，乐于钟鼓、琴瑟。（《荀子·非相》）

两句话都说得浅显易懂，用不着解释。其主旨都是说明"美辞"的独特作用，将话说得好的意义阐述得十分清楚。

到了西汉末年，大学问家、思想家刘向还专门著书立说，在总结了先秦至西汉时代有关言语表达与治国安邦的密切关系的种种历史经验的基础上，不仅第一次明确提出了"夫辞者乃所以尊君、重身、安国、全性者也"的观点，而且喊出了一个响亮的口号：

> 辞不可不修，说不可不善。（《说苑·善说》）

可见，刘向作为一个思想家与历史学家，对"善说"的重要性认识得何等清晰！南朝梁代的大文学理论家刘勰，则更将"善说"的意义提高到一个新的高度：

一人之辩，重于九鼎之宝；三寸之舌，强于百万之师。(《文心雕龙·论说》)

这话听起来似乎有点夸张了，其实熟悉中国历史者就会知道，它没有夸张，是事实。比方说我们在本套丛书的第二本《能说会道：说话的艺术》中所谈到的春秋时代郑文公的大臣烛之武，在"春秋五霸"的二霸秦穆公、晋文公联合出兵包围郑国而欲灭之的情形下，以三寸不烂之舌，竟然说得秦穆公退兵，解散与晋国的联合阵线，并反过来与郑国结盟，且留军驻守郑国，迫使晋国知难而退，使弱小得一夕就可被灭亡的郑国竟然不费一兵一卒而退了两个超级大国的联合作战部队，保得郑国国家安全无纤毫之忧。由此一例，便可知刘勰没有吹牛，他说的是事实，口才的重要性在中国历史上确确实实是非同小可的。

不过，中国人重视的"口才"，传统上多是重在游说、说服、论辩等方面，面向的是单个的特定对象，如国君、上司或论辩对手等。而西方人重视的"口才"则主要指面向公众的演讲方面。这与西方自古希腊时代就已开始的民主、法律制度相关，他们重视政治演讲和法庭辩论，由此养成了重视面向公众的演讲风气。在西方，不重视演讲方面的口才几乎是不可能的。由此想起美国所有中学生都信奉的一句话：

未来的美国，让不会演讲的人走开！

熟知美国情况的人都知道，这话一点也不算夸张。因为群众性演讲是美国教育系统的一个重要特色，小学生"在二三年级，就被指定开始作些简短的演练，整个小学教育，学生经常被指名当众说话。按照这种方法，学生得到普通演讲基本的直接实践，他们学习首先提出话题，然后论述这个话题，最后简要复述所论要点，得出结论"①。到了中学、大学，校园里的各种学生自发演讲活动，其热闹场面自然就不用提了。美国历届总统，有哪一个不是中学特别是大学校园中的演讲高手和活跃分子？欧洲的情况与美国当然是差不多，因为整个西方世界本来就有着相似的政治制度与文化背景。我们中国人最敬仰、最熟悉的革命导师如马克思、恩格斯、列宁等，都是特别喜欢演讲且长于演讲的"名嘴"和"说林高手"，他们的雄辩魅力与口若悬河的演讲才华，都是"引无数英雄竞折腰"的。

　　由于中国在政治制度、文化传统等方面与西方各国有着很大的差异，演讲的风气没有那么盛，演讲的历史也没有那么悠久。但是，进入近代的中国，由于受西方思潮的影响，演讲的风气渐盛。特别是19世纪末20世纪初以来，由于政治变革与政治革命的需要，诸如拥护"君主立宪"的康有为、梁启超等维新变法的政治领袖，主张资产阶级革命与民主共和的孙中山、宋教仁等资产阶级革命家，为实现共产主义理想而奋斗的无产阶级革命家毛泽东、周恩来等风云人物，都是极有魅力的演讲大师，对于推动中国演讲风气的养成有着不可低估的作用。另外，"五四"运动之后，诸如胡适、鲁迅、徐志摩、闻一多等文学家，蔡元培、马寅初、陶行知等教育家，其演讲的魅力与影响对进一步养成中国社会的演讲风气起了相当大的推动作用。这个大家都清楚得很，不用我再从头细说了。至于20世纪80年代陡然兴起的中国演讲飓风，因为年代较近，很多人都是有着亲历感的，自然更是不在话下了。

　　可以说，现在的中国，演讲已经不是什么新鲜事儿；演讲对于每个人来说，都是回避不了的现实。无论你是政治家、外交家，还是军事家；是官员领导，还是平头百姓；是吃开口饭的主儿如教师、律师、节目主持人之类，还是在公众面前几乎没有什么"话语权"、找不到多少说话机会的普罗大众，都是不能不演讲或说一辈子都不演讲的。可以说，现代的中国与现代的西方社会一样，一个

---

① 江龙编译：《白宫口才：为什么美国总统又是口才大师》，北京：中国计划出版社1998年版，第9页。

人要想回避演讲，或演讲时不注重演讲技巧，那是几乎不能立足于这个社会的，换句话说，你根本就无法在这个现代化的社会里生存下去。

读者诸君，你千万别以为我这是"自神其说"，张皇夸大。如果你一定要这样想，那我只好跟您"掏心窝儿"地说句心里话了。笔者不是演讲家，也不是以专讲演讲学糊口的职业教师，更不是以研究演讲学为专业的演讲学研究家，我何必要"自神其说"？因为我安身立命的"学说"根本就不在演讲学这方面，所以我"张皇夸大"演讲的意义实在没有必要。笔者之所以要写这本书，只是因为对坊间讲演讲的所谓"著作"实在看不下去了，出于一个学者的良心，想对演讲学陈述一下自己的见解而已。

演讲到底跟我们每个人有多大的关系，在生活中有多大的意义，我们不妨看看以下我所要展示的事实。如果读者诸君觉得演讲确实与自己有关系，也有意义，那么就要重视演讲，学习一点演讲中要注意的技巧。看看本书所总结概括的规律，也许会有所裨益。

一、政治家的说服力：孙中山认为"日本妓女地位高"

对政治家，我们大家都很神往，无论是他（她）高瞻远瞩的深邃眼光、着眼全局的阔大胸襟、万众瞩目的社会地位，还是他（她）风神潇洒、从容优雅的风度风范，都是令人敬佩艳羡的！但是，有一个基本条件他（她）必须满足，那就是要有侃侃而谈、口若悬河的演讲口才。没有这一点，他（她）就成不了政治家。我们何曾见过一个从不开口演讲的政治家，或一开口就漏洞百出的政治家？如果是这样，他（她）肯定不是政治家，即使他（她）自己爬上或被别人抬上政治家的地位，最终也是做不成政治家的。因为政治家不仅需要政治智慧，更要具备一种将其政治理念表达出来并为公众所接受的语言能力与语言艺术。也就是说，政治家必须将其"治国平天下"的政治理念、方针方略、思想主张推广给民众，这样他（她）才可能实现其政治抱负与治国目标。因此，一流的口

6

才，雄辩的说服力，就成为一个政治家立足政坛并有所作为的"看家法宝"。假设要当一个革命政治家，那么不演讲或不会演讲，他的政治生命就无从谈起了。因此，对于那些还要担负宣传革命使命的政治家来说，是否具备超强口才和雄辩的说服力则是他（她）能否成功的关键之关键。不是吗？

> 南洋爪哇有一个财产超过千万的华侨富翁。一次他外出访友，因未带夜间通行证，怕被荷兰巡捕查获，只得花钱请一个日本妓女送自己回家。
>
> 日本妓女虽然很穷，但是她的祖国很强盛，所以她的地位高，行动也自由。这个中国人虽然很富，但他的祖国不强盛，所以他的地位还不如日本的一个妓女。如果国家灭亡了，我们到处都要受气，不但自己受气，子子孙孙都要受气啊！①

这是孙中山先生早年在海外宣传革命的一次演讲中的一段话，它所具有的强大说服力和对听众心灵的震撼力都是显而易见的。

那么，孙中山先生的演讲为何具有这等深厚的魅力呢？这是因为孙中山先生善于表达，演讲极富技巧。他没有直接向听众宣示其所要表达的意旨："祖国是你们华侨的坚强后盾，如果祖国不强大、很疲弱，你们即使在海外他人的国度挣了钱，经济上是富人，但仍然是没有任何社会地位、政治和经济上不能与其他人有平等权的化外之民，生命和财产也不能有保障，不仅自己，甚至子子孙孙都永远摆脱不了受气还要受侮辱的悲惨命运。只有祖国强了，我们的华侨同胞才能在海外他人的国度有地位，挺起腰板做人。因此，我们华侨同胞应该深明大义，支持我们国内的同胞和革命党人革命，有钱出钱，无钱出力，推翻清王朝的腐败统治，建设民主富强的资产

---

① 转引自黄中建：《升华演讲主题的技巧》，《演讲与口才》1999年第10期，第18页。

阶级共和国。"如果这样讲，当然道理说得很透彻，意思也说得极为明白。但是，效果并不一定很好。因为不能深深打动听众的心，不能以理服人。中国有句名言："事实胜于雄辩。"理论是灰色的，道理往往也是空洞的，只有事实最能说明问题，让人不得不信服。孙中山先生长期从事革命活动，对海外华侨进行革命宣传，寻求他们的支持，所以最了解他们的心理。因此，他采用了"援事说理"的策略，先讲了一个南洋爪哇的华侨同胞虽然有千万财富，晚上却不敢出门，反而要花钱请日本妓女来做自己的保护人的故事。妓女的地位之低是众所周知的，况且还是一个身在异国的妓女，其地位之低就更可想而知了。然而就是这样一个社会地位极低的日本妓女，她的地位反而要高于中国的千万富翁。这又说明什么呢？这不都是因为日本妓女背后有强大的日本帝国，中国富翁背后则是无法倚靠的腐败贫弱的清王朝吗？一下子就说到了海外华侨的伤心处，触及了他们心灵深处的难言的痛。这怎么能让这些海外华侨同胞不感慨呢？有这样一个现实事例作铺垫引渡，华侨听众们自然立即就能明白并信服孙中山先生援事所要说明的道理："日本妓女虽然很穷，但是她的祖国很强盛，所以她的地位高，行动也自由。这个中国人虽然很富，但他的祖国不强盛，所以他的地位还不如日本的一个妓女。如果国家灭亡了，我们到处都要受气，不但自己受气，子子孙孙都要受气啊！"从而深刻地领悟到这样一个颠扑不破的道理：祖国强，个人才能强；祖国强大了，华侨才能在海外有地位。而要祖国强、华侨在海外有地位，华侨就应该主动支持国内同胞和孙中山先生领导的革命党人的革命事业。可以说，孙中山先生在那么艰难的情形下，最终能够革命成功，建立起中国第一个资产阶级民主共和国，究其原因，除了他坚强的意志与高尚的人格魅力外，还有一个非常重要的原因，就是他宣传革命的演讲技巧非常高明，演讲效果极好。试想，如果他不善于演讲，不能把话说到广大华侨的心坎里，说得富于鼓动性，说得深具说服力，就不可能获得广大生活于海外、寄人篱下、生活异常艰辛的华侨同胞的理解支持，并自觉自愿地把自己的血汗钱、活命钱捐献出来支持国内的革命活动和革命武装起义。而没有这些身居海外的广大爱国华侨同胞的广泛支持，革命要想取得成功谈何容易！

说到中国民主革命的先行者孙中山先生的善于演讲，这里笔者想起美国前总统比尔·克林顿当初竞选总统时在一次电视演讲中的一段演讲词：

> 我既尊敬布什先生在白宫期间的为国操劳，又希望选民能鼓起勇气，敢于更新，接受更佳人选。①

这是克林顿在最后一次与当时既是在任总统又是下一届共和党总统候选人老乔治·布什决定性的电视辩论中，面对全美国的所有电视观众所说的一番话。我们都知道，克林顿有一句名言，叫作"命运与口才紧密相连"②。因为他有这样一种清醒的认识，所以他在最后一次与老布什的电视辩论演讲中就格外小心措辞了。众所周知，当时老布什是在任总统，手里掌握着丰厚的竞选资源，同时他在任内结束了冷战，领导并打赢了海湾战争，因此他当时的威望可谓如日中天。只是当时美国经济开始下滑，算是老布什的软肋。而克林顿当时只是一个在边远小州阿肯色州干了十二年的州长，且"花边新闻"不断。③ 因此，无论是资历声望，还是个人私德方面，克林顿都逊色老布什很多。克林顿的聪明之处，就如中国古代兵法所言的"知己知彼"。因此，他不攻击老布什的工作和私德，以免遭受老布什以牙还牙的更猛烈的攻击，而是先赞扬老布什任内为美国所做的工作，"尊敬布什先生在白宫期间的为国操劳"，使老布什心里舒坦，使全美国的电视观众都觉得自己有风度。等到老布什和广大电视观众都在舒坦之时，他话锋一转，"希望选民能鼓起勇气，

---

① 转引自宋士隆、李存凤：《克林顿与布什电视辩论片断赏析》，《演讲与口才》1998 年第 10 期，第 29 页。

② 参见江龙编译：《白宫口才：为什么美国总统又是口才大师》封底，北京：中国计划出版社 1998 年版。

③ 参见宋士隆、李存凤：《克林顿与布什电视辩论片断赏析》，《演讲与口才》1998 年第 10 期，第 29 页。

敢于更新，接受更佳人选"，表意婉转高妙，弦外有音，暗示广大选民：老布什只是一个坐守现状的平庸之辈，他不能带给美国人民新的美好生活，现在经济下滑就是明证；美国人民如果想改变现状，争取好的生活前景，就只有选择敢于创新、年轻有朝气的克林顿，只有他才是入主白宫的最佳人选，你们就选我克林顿当总统吧！如此简洁而高妙的演讲，无论是竞争者老布什，还是广大的电视观众都是无法挑出毛病的，贬低了对方，夸扬了自己，却又显得含蓄礼貌，让人不得不佩服。因此，他能最终克敌制胜，由一个僻远之乡的穷小子一跃当上美国的总统，且是两任，这不能不归功于他了得的嘴上功夫！

由上述中外二例，可以清楚地看出，一个人是否能够成为一个政治家，他有没有演讲天才，有没有高超的能够说服广大公众的演讲技巧，是很关键的一个条件。

二、外交家的幽默感：陈毅"从此不怕帝国主义"

做政治家当然不容易，那么当外交家怎么样？那活儿也不轻松！人所共知，外交家是代表国家说话的，是一个国家对外交往的喉舌。因此，他必然要常常发表演讲，而且是在国际外交场合。如果他的发言与演讲不讲究技巧，说得不好或不妥当，那么结果就是造成国际政治或外交风波，后果的严重性自然可以想见。因此，没有足够的语言智慧，没有高超的演讲技巧，一般还是不要当外交家为宜。不过，对于中国人来说，这不是问题，中华民族自古以来就是以美辞出名的，有很多杰出的"行人"（外交家）名嘴。现代更是以名嘴而著称的外交家辈出的时代。不是吗？

20世纪60年代，陈毅外长出访亚洲某佛教国家，在公众欢迎集会上，一位宗教界长老向陈毅外长赠献了一尊佛像。陈毅外长虔诚而高兴地捧过佛像，即兴致谢道："靠老佛爷保佑，从此我再也不怕帝国主义了。"语音未落，全场大笑。①

　　这段文字所载的陈毅妙语致谢的片断，生动地再现了元帅出身的新中国外长杰出的语言智慧与高超的演讲技巧。

　　我们都知道，中国共产党人是无神论者，自然是不相信什么神佛，也不信任何宗教的。但是，中国共产党人尊重任何国家与任何民族的宗教信仰自由。那位亚洲佛教国家的长老大概不了解中国共产党人对于宗教的态度，他只是以自己的习惯与思维方式来考虑问题，所以他就以一尊佛像来赠送给这位来自中国的尊贵客人——新中国的国务院副总理兼外交部部长陈毅元帅，以此表达他对中国人民的深切友好之情，这种心情是可以理解的。既然长老是出于一种尊敬与友好的用意来赠送佛像，那么作为礼仪之邦的中国外交使节，陈毅自然应该致答谢辞，作一种外交上的答谢演讲。可是，陈毅作为新中国的外交部部长，同时又是作为一个无神论者的共产党员，如何作答谢演讲，就很考验他的技巧。他可以说："长老，谢谢您的好意，也谢谢贵国人民的深情厚谊，作为新中国的外交使节我应该代表我国政府对您及贵国人民的深情厚谊表示感谢，我非常高兴地接受您奉赠的佛像；但是，我个人作为一个共产党员，是一个无神论者，不信神不信教，信仰信念都不允许我接受这尊佛像，敬请谅解！"如果这样作答谢演讲，也是非常礼貌的，是实话实说，态度诚恳。可是，这演讲词如果真的这样发表，那长老的面子肯定过不去，结果不仅会拂逆了长老及其国家全体佛教徒的心意，伤了他们的自尊心，更拂逆了所在国政府及全体信教与不信教民众的心意，伤了他们全国人民的自尊心。这样，两国的友好关系就会受到影响，外交关系就会受损，后果是可以想见的。但是，我们的陈毅元帅真是文武全才，他对于这样难堪而不易应付的场面，竟然谈笑风生，一句话就解决了常人难以解决的外交难题。他突破常人的思

---

　　① 　转引自谢伯瑞：《即兴演讲要善于从现场发掘话题》，《演讲与口才》1992 年第 8 期，第 30 页。

维方式，不直接表达所要表达的意思，而是采用"避实就虚"的语言策略，说："靠老佛爷保佑，从此我再也不怕帝国主义了。"这话说得妙，虚虚实实，可以理解为是真话，即承认佛教的神圣和老佛爷的神灵广大，"感谢你们对中国人民的祝福与佛爷对中国人民的福佑盛意"，也可以理解为是一句幽默的话，因为佛像能否有吓阻帝国主义的神奇力量，谁都心知肚明，所以全场大笑。但陈毅的笑话传达出来的不是对佛的不敬，而是另暗含一层深意："佛像能否发挥福佑中国的神异力量并不重要，重要的是奉赠这尊佛像表达了长老您及贵国佛教界人士对中国人民的友好之情，我们非常感谢！"陈毅元帅这种举重若轻、谈笑风生的演讲风范，不仅显现了他个人独特的诗人气质，更凸显了新中国一代外交家的杰出语言智慧与高超的演讲水平，令人不得不由衷地感佩！

三、军事家的攻心术：张治中有"夫人可以作证"

在一般人看来，军事家不比政治家和外交家，是用不着什么嘴上功夫的，动手操刀拿枪就是了，耍嘴皮子干什么？其实，错了！操刀拿枪、动手动脚，那只是士兵及普通军事指挥员的作为。要做一个军事家，就不是那么简单了，除了会冲锋陷阵、排兵布阵，还要训练和教育各级将领、进行军事动员等，这就得上场演讲，要具备一定的语言智慧和演讲技巧，否则就没法成为一名军事家。不是吗？

张治中在南京任国民党中央陆军军官学校教育长时，看到学校的校风很坏，有些学生甚至常去南京秦淮河一带逛妓院，他很是生气。一天，张治中对他夫人洪希厚说："明天军校开会，请你去参加。"夫人说："军校开会，与我井水不犯河水，我去干啥？"张治中风趣地说："夫人去坐镇嘛！请你支持我开好这个会。"到了开会那天，学生们见讲台上坐着个相貌平平，衣着朴素，态度又怩怩不安的家庭妇女，都感到很诧异，便相互小声议论起来。这时张治中走到台前摆摆手，开始了他的讲话：

"今天开会，我与同学们只谈一个问题，就是我们不能因为当了官，有钱有势了，就胡搞乱来。我知道你们当中有人花天酒地、灯红酒绿，这不好，无视军校的纪律，不爱护个人的名誉。讲起来，论军衔，我比你们高，论薪饷，我比你们多，可是我没有这样的行为。你们看——"他用手一指台上坐着的洪希厚，"这位就是我夫人……"

听到这里，学生们有点乱了，有的窃窃私语，有的交头接耳，有人意外地张大嘴巴，都急于想听下面的内容。

张治中接着说："我夫人其貌不扬，又没文化，可我爱她，我俩结婚二十多年了，感情一直很好，从未口角。她操劳家务，教育子女，为我分担重任，成了我事业上的助手，我心中感激她，从未嫌弃她。我的一生未逛过妓院，没有娶小老婆的想法，也未搞过女人。这，她可以作证。"

台下寂静无声。张治中停了一会儿又说："有人劝我说，当了大官，可以改组内阁（指另娶一房夫人）。我就告诉他，我改组，封我老婆什么官？几个孩子又怎么安排呢？他们没有妈妈行吗？我没有左右手行吗？我决定不但不改组，反而加强我的内阁——这，我的夫人更可以作证。"听到这里，人们都屏住呼吸，想继续听下去，连一根针掉到地上也可以听到。可是张治中却戛然煞住："我的话完了。"

自这以后，军校的纪律果然大为好转了，而张治中的"请我夫人作证"也就成了佳话流传开来。①

上文中所提到的张治中将军，相信很多人都不会感到陌生。他

---

① 徐永森：《张治中的一次演讲》，《演讲与口才》1993 年第 10 期，第 37 页。

原名本尧，字文白，系安徽巢县（即今巢湖市）人。毕业于河北保定军校第三期，是国民党的重要将领。国民革命时期，曾任黄埔军校学生总队长、军官团团长。1926年参加北伐战争。1928年起，历任国民党第五军军长、第四路军总指挥、中央陆军军官学校教育长、第九集团军总司令。1937年7月日寇侵占平津后，又于同年8月13日大举进攻上海，张治中率领驻守上海的第九集团军奋起抵抗，给日寇以沉重的打击，并由此拉开了近四个月的惨烈的淞沪抗战的序幕。抗日战争期间，曾任湖南省政府主席、国民党政府军事委员会政治部部长、三民主义青年团书记长、国民党西北行辕主任兼新疆省政府主席等职。抗日战争胜利后，主张国共谈判、和平建国，并于1946年代表国民党参加军事调处三人小组。1949年1月，蒋介石在发动内战失败后被迫下野，李宗仁为国民党政府代总统。张治中作为国民党政府和平谈判代表团首席代表，前往北平与中国共产党谈判。谈判结束后，与中国共产党达成了国内和平协定。蒋介石获悉协定内容后，大骂"文白无能，丧权辱国"。结果因为国民党政府拒绝在协定上签字，国内和平宣告无望。中共中央领导人周恩来出于对张治中人身安全的考虑，挽留他在北平，没让他再回南京，以免"再对不起一位张将军"（前一位张将军张学良因为"西安事变"后送蒋介石回南京就一去不回，一生遭囚禁）。同年，张治中应邀出席全国政协第一届全体会议。新中国成立后，历任西北军政委员会副主席、全国人大常委会副委员长、国防委员会副主席、民革中央副主席等职。① 由张治中的经历可以看出，他确是一位名副其实的军事家。

上面的一段演讲故事，说的就是张治中将军在抗日战争之前担任国民党政府中央陆军军官学校教育长期间的事情。我们都知道，国民党军队一向腐败，各级军官生活作风一塌糊涂。但是，让张治中想象不到的是，在培养国民党高级将领的中央陆军军官学校竟然有很多学生也免不了这种滋生于国民党军队中的腐败恶习，光天化

① 参见《辞海》（1989年缩印本），上海：上海辞书出版社1990年版，第1227页。

日之下去南京秦淮河逛妓院。作为军校的教育长，张治中当然不能忍容这种腐败的恶习在军校存在。因此，就有了上面张治中对学员所作的那通演讲。按照常规，教育长对军校学生的演讲就是训话，直陈本意，痛骂痛斥一顿也就结束了。可是，张治中没有这样简单化地处理，因为他深知这样简单地训斥是毫无效果的。所以他就采取了一种"现身说法"的演讲策略，以自己的亲身经历与洁身自好来与学生们的放荡腐败作对比，并且请出自己其貌不扬的夫人坐在讲台上，说一段自己的清白经历，就请夫人当场作证。而且讲演中以"改组内阁"比作升官后换老婆云云，也很幽默生动，严肃之中有诙谐。摆事实，讲道理，情感真挚，语重心长，很有人情味。没有盛气凌人的架势，高尚的人格魅力与深具亲和力、说服力的语言，自然让那些逛妓院的学生相形相比而惭愧不已，从而从灵魂深处受到触动，不得不为他们的"长官"张治中将军的一番话而深受感动，听从其劝解教训，并痛下决心改邪归正。如果张治中将军不讲究演讲的技巧，只是采用国民党军队一般将领那种简单粗暴的教训方式来作演讲，那么就不会有当时国民党中央陆军军官学校的那种少见的好校风了。可见，当将军容易，当军事家不易，没有嘴上功夫，不善于演讲同样不行。现在回过头来看一看，就不难发现，国民党军队之所以腐败不堪一击，除了众所周知的一系列客观原因外，它的军队思想工作乏力无效也是其中的重要原因。像张治中将军那样善于做思想工作、有演讲技巧的将领，在国民党军队中其实是很少的。

四、做官者的理由：团委书记"推动我的事业"

当政治家、外交家、军事家当然要会演讲，他们都是大官，权重位高，责任所在，不得不演讲，不得不讲究演讲的技巧。那么，做一般的党政官员如何？同样也是要演讲的。因为你要召集别人开会讲话，或被人邀请会上讲话，都不能逃避演讲。只是与政治家、外交家、军事家等高官相比，你演讲面对的公众对象有所不同、范围要小些而已。但是，既然要演讲或免不了要演讲，那么就要讲究技巧，不然没有效果，工作就不会有成绩；工作没有成绩，将来就会有碍升迁，仕途就不会顺利。所以，就是当一般的官，你也得演讲，而且得会演讲。我们都知道，现在做官的行情与以前大不相同了。以前是组织上看中了，通过考察，觉得合格了，就提拔上去。现在则有新变化，很多党政官员的职位是要通过竞聘上岗的，实行"公开、公平、公正"的选拔制度来操作。除了笔试外，还有面试考察，这就是竞职演讲。很多人下笔万言，写起来洋洋洒洒，可是说起来就语无伦次、言不达意了。这样，做了党政领导后又如何开展工作呢？所以，竞职演讲是一种非常科学的考察项目，也是时代进步的要求。既然时代进步要求我们的党政官员必须具备演讲的基本能力，那么除非你不愿效力于国家的党政机关，否则你就非得通过演讲这一关不可。不是吗？

养兵千日，用兵一时，无论准备多么充分，关键还是看临场发挥。我抽的是第5个上场，那么前面几个选手的发言我就无法听到，但是第5个上场，要是还千篇一律地以自我介绍开始，肯定效果不好，于是我想起了美国大科学家富兰克林有句名言，我就用它来开了头，一上台就说："富兰克林有句名言：'推动你的事业，不要让你的事业来推动你。'今天，我正是为推动我的事业而来！"一言既出，即赢得了听众的掌声，给人耳目一新的感觉，开篇明义，吸引了听众，为我后面的演讲营造了良好的氛围。①

这是一位青年的"夫子自道"，讲的是自己竞选北京矿务局团委副书记的经过。这位青年之所以在众多的候选人中脱颖而出，最终能够竞选成功，靠的就是他成功的演讲。其中，他的开场白尤其

① 暴剑：《我的竞选演讲是怎样获得成功的》，《演讲与口才》2000年第4期，第23页。

成功，一开口就让他成功了一半。

我们都知道，竞聘党政领导岗位的演讲都回避不了阐述自己竞聘这一岗位的理由。而这个理由，对于中国人来说实在是很难陈述的。因为中国传统文化观念有一种"做官就是为了发财、荣华富贵"的偏见，好像任何人要做官都是为了自己的私利一样，因此不像西方人那样坦然地、正大光明地标榜自己做官是"为了能有机会替公众服务"。其实，除了极个别的干部有私心外，我们绝大多数的干部都是有为民服务的事业心才走上领导岗位的。因此，我们的干部也完全应该理直气壮地说：自己从政是为民服务。大概因为中国人性格比较内向，这句话很多人说不出口。上面那位演讲竞职的青年，在说明自己这次竞聘团委副书记的理由时，表达了这层意思，但说得很有技巧，所以效果很好。他引用美国资产阶级革命时期著名的民主主义者和杰出的科学家富兰克林（Benjamin Franklin，1706—1790）的名言来说明自己此次竞职的原因。富兰克林是大家都知道的世界名人，1731 年建立美国第一个巡回图书馆，1749 年襄助创办美国著名的宾夕法尼亚大学。美国独立战争时期，参加反英斗争，当选为第二届大陆会议代表，并参加起草《独立宣言》。1776—1785 年出使法国，1778 年缔结法美同盟。1787 年为制宪会议代表，主张废除奴隶制度。在科学方面，他对研究大气电方面有杰出贡献，还曾发明了避雷针。[1] 正是因为富兰克林有着权威身份，他的名言又为全世界人所信服，因此，演讲者引用富兰克林的话就对听众和评委有特别强的说服力。因为我们都知道这样一种语言心理，日常生活中如果我们想说服别人，往往可以引权威者的言论作开头，然后就此引申发挥，得出自己的结论，让人不得不信服。事实上，这种方法非常有效，我们每个人都有这样的经验，只要别人能提出权威者的言论来，我们往往就情不自禁地信服了他的话。就连小孩子都会这一套。他们要说服别的小孩子时，往往会说"老师怎么怎么说"、"妈妈怎么怎么说"，因为在他们的心目中，"老师"、

———————

① 参见《辞海》（1989 年缩印本）上海：上海辞书出版社 1990 年版，第 1159 页。

"妈妈"都是权威，他们的话小孩子不能不信。小孩子心目中有一个共识："老师"、"妈妈"都不会骗人，是世界上最可信赖的人，他们的话当然正确无疑。而我们成人，则往往引格言、谚语、名人或圣人的话来说明问题、说服他人。这也是因为我们心目中有一个共识，认为这些话是无需讨论验证、不可怀疑的"公理"，因此自然就有说服力。这种说服的方法虽然极其平常，但极为有效。因此，那位演讲竞职的青年搬出富兰克林的话，无疑是有力的，它首先就从心理上征服了听众和评委。其次，他所引的话非常巧妙，且贴切自然，含蓄婉转地说明了自己竞职的理由：他竞职求官是为了推动事业，不是为了别的什么。这话不仅表现了演讲者报效国家人民的赤诚之心，也展现了新一代中国青年坦荡的胸怀，令人感动。因此，他能最终竞聘成功当属意料中的事。

可见，要当官其实也是需要演讲天才的，求官也需要说出充足的理由才行。

五、生意人的说辞：市长要"雨婆婆做媒"

大家都清楚，现在中国是以经济建设为中心，发展经济、早日实现全面小康社会的目标是我们今天的当务之急。全国人民都明白这个道理，所以现在大家都很重视也很喜欢做生意。做生意好啊，来钱快啊！但是，要做好生意也不容易。你要做好生意，就要会吆喝。说得文雅点、时尚点，叫作会宣传、会策划、会打广告战。比方说，上海的大街小巷的商贩都会说这么一句："走过路过不要错过！"还有邻近复旦大学的上海五角场地摊上，小贩叫卖牙签，也有词儿："要想生活好，牙签少不了！"这些吆喝就是演讲，因为它是面向公众的说话。

还有，大家也清楚，中国人做生意喜欢在酒席上成交。内行人都知道，要想做成买卖，不喝酒是不行的。而一喝酒，没有词儿也是不行的。也就是说，喝酒要说话，不能喝闷酒。喝闷酒做不了生意。比方说劝对方喝酒，说"感情深，一口闷"之类，就是以前流行的酒席上的演讲词。不过，这种酒席上的祝酒词现在不行了，太土了，是小生意人的口气。现在中国的经济要走向国际。我们都加入 WTO 了，自然要做国际大买卖。做大买卖，就要开国际酒会，那祝酒词可不是闹着玩的，要够水平！既要做成生意，又要显示自己的修养以及优雅、幽默的演讲口才，那样才能把生意越做越大，那才叫总裁的派。否则，在国际上，人家不带你玩。

我们发展外向型经济，早在参加 WTO 之前就开始操练了。所以国际酒会上的祝酒词，中国人早就会了。酒席上的演讲，中国人也是一把好刷子，不会输给外国人的。不是吗？

女士们，先生们：

中国人宴会上的习惯是先致辞后吃饭，这样做的好处是把该办的事办完，沉住气、不慌不忙地吃；而欧洲人是吃起来以后再讲话，今天我是入乡随俗——吃饱了再说。（笑，鼓掌）

今天，我很高兴在这里见到了许多新朋友，并且一起庆祝我们的签字仪式。刚才，佐尔格和我谈到，在德国，结婚遇到下雨预示着会有好兆头。那么开普勒市长 1985 年访问铜陵时适逢下雨；今天我们签字，雨婆婆又再度光临；如果说协议标志着一种结合的话，这雨将是我们两市的好兆头！（笑，鼓掌）

在此，我再一次邀请马尔巴赫人访问铜陵（热烈鼓掌）。希望大家认识中国、了解中国。在许多人眼里，中国是一个神秘的国度。我相信，凡是和我们接触过的人都会感受到，中国人是多么的生动。（笑声）

最后，让我端起这金色的葡萄酒，在席勒的故乡，用他的著名诗歌《欢乐颂》里的一段话，为我们已经签订的盟约干杯！——"巩固这个神圣的团体，凭着这金色的美酒起誓；对于盟约要矢志不移，凭星空的审判者起誓。"①

这是 20 世纪 80 年代末安徽省铜陵市市长汪洋在德国马尔巴赫市一次晚宴上的祝酒词。这个酒宴上的祝酒演讲是有水准的，清楚地显示了中国的市长也是一个很好的生意人，且是一个很会演讲的生意人。

仔细分析一下这个酒宴上的演讲，我们会发现它的高明之处有三：首先，在开场白部分，把中国人与德国人在酒宴时说话与吃饭的顺序作了一个对比，这种对比出人意料，因而一下子就搞活了宴会的气氛，显示了中国人的幽默，让德国人开了眼界。接着，演讲者又以德国民间所说的"结婚遇到下雨预示着有好兆头"，回忆德国开普勒市市长访问铜陵时遇雨的往事，并对比当天两市经济合作协议签字时再次下雨的此情此景，说明"这雨将是我们两市的好兆头"。比得自然，比得生动，善于借景生情，表达出自己想要表达的愿望，令德国人不得不佩服中国市长演讲时即兴而发的语言机智！最后，利用举杯的机会，以当时所在的德国著名文学家席勒的故乡和所喝的金色葡萄酒来作由头"说事"，巧妙而自然地引用席勒的著名诗歌《欢乐颂》来作干杯词，十分切合情景。利用所引的歌词来表达自己所要表达的意愿：加强两市合作，遵守签订的合作盟约，把合作矢志不移地坚持下去。表意婉转，感情诚恳，但态度不卑不亢，展现了中国人在国际合作方面的态度与风度，让西方了解了中国，了解了中国人。

可见，做生意特别是做国际生意，不会演讲是不行的。而演讲不好，更是不行的。因为那不仅是生意成败问题，也不仅是个人面子问题，还有国家形象与国际影响的问题。所以，做生意特别是做国际生意的人，不管他是以政府官员的身份代表国家做生意，还是以个人名义做民间生意，都是要有演讲天才的，都是需要讲究演讲技巧的。

---

① 转引自高振远：《怎样致祝酒词》，《演讲与口才》1995 年第 7 期，第 22 页。

六、作家的生花妙语：公刘祝酒说"钢轨"

我们在日常生活中都会遇到这类人，就是他（她）写起文章来妙笔生花、文采斐然，可是当要他（她）说话时，则往往言不达意、令人失望。记得有位学术界的前辈跟我讲起一个故事，说一位著名大学的一级教授，学术著作不仅写得体大思精，而且文笔也非常美。很多学子读了他的著作都感佩得不得了，想象他一定很会说话，肯定是个妙语生花、妙趣横生的主儿。可是，当有一次他与新入学的大学生见面并发表欢迎词时，不仅没有妙语生花，而且说出的话连语法也不通，更遑论修辞了。结果，他的欢迎词便长久被学生传为笑谈。这种情况还不是个别现象，有一定的普遍性。如果你是教师，你会发现你的学生中既会说又会写的人不是很多，而说写只有一样较好的反而是占了多数。比方说，那些平时能说会道的学生，写起作文来却常常令老师大感头痛；而那些作文写得较好的，平时却是木讷得很，不善于说话。我不是作家，对于作家的情况不太熟悉。但也偶尔无意间与一些作家有所接触，发现作家中也存在这种说写不平衡的现象。如果大家对中国现代文坛比较熟悉，也会发现这种现象，一些大作家或名头特大的作家在公众面前的讲话，都会让他们的读者感到失望的。当然，作家中也有写得好，说得更美的。因此，这样的作家就特别受到大家的佩服了。不是吗？

　　尊敬的市长先生、议员先生，尊敬的 S 基金会理事，女士们，先生们：

　　当我们度过了非常充实、非常多彩、非常愉快的白昼之后，又赶来出席诸位举行的如此盛大的鸡尾酒会，我们感到不胜荣幸。

　　正如刚才主人在欢迎词中谈到的，我们也意外地注意到了一个巧合：几乎在中国作家代表团抵达汉诺威的同时，中国外交部部长吴学谦先生和贵国外交部部长根舍先生在波恩举行了友好会谈。这个巧合寓意深长，它告诉人们，除了政府与政府之间的外交，还有人民与人民之间的外交，二者并行不悖，如同火车赖以前进的两条钢轨一般。今天晚上的 SchBeel，就是人民外交的波恩，另一个波恩。（鼓掌）而且，我还要补充一句，这种人民外交是任何政府部长级官员们之间的握手言欢所不能取代的。（鼓掌）诸位代表着 SchBeel、下萨克森州和联邦德国的人民，我们则代表着中国人民。假如我说，人民与人民是兄弟，我相信，诸位必定欣然点头。因此，在中国人民和德国人民之间，从不存在任何猜忌、矛盾和敌意。事实就是如此。（鼓掌）

……

现在，我提议，我们中国作家代表团向我们好客的德国主人，向德国主人令人羡慕的金羊毛敬酒，干杯！（热烈鼓掌，欢呼)①

这是诗人公刘 20 世纪 80 年代在当时的西德出席有地方政府官员、议会议员和 S 基金会理事参加的一次欢迎中国作家代表团访德的宴会上所作的祝酒词。

这番演讲，不仅很得体，而且很生动。特别是演讲者公刘借当时中国外交部部长吴学谦访问德国并与德国外交部部长根舍进行友好会谈的特定情景而加以引申生发，并抓住中国作家代表团抵达汉诺威与中国外长吴学谦抵达波恩的时间上的一致性来展开联想。由此，把中国作家代表团访问西德的民间性质与吴学谦访问西德的官方性质比作铁道的两根"钢轨"，由此生动地说明了民间外交与官方外交一样有其缺一不可的重要性，从而形象而婉转地表达了希望加强中国与西德民间外交包括作家之间的互相交流的意愿。演讲词不仅具有高度的政治色彩，也包含了浓厚的友好情感，令德意志联

---

① 转引自高振远：《怎样致祝酒词》，《演讲与口才》1995 年第 7 期，第 23 页。

邦政府和人民对中国政府和中国人民愿意发展两国政府与人民之间的友好关系的态度有了明确而形象的理解。由公刘的这番演讲词，我们也可以看出中国政府派出中国作家代表团的重要意义，而公刘的一番演讲，则真切地显示了诗人不凡的演讲才华，确实当得起中德友好使者的角色，也显示了作家应有的演讲水平。

七、老师的三寸之舌：教师致辞"三不祝"

有人说："教师是阳光下最崇高的职业。"是不是如此，我自己是教师，就不表态了。但是，我可以表态的是，教师是一种典型的吃开口饭的职业。因此，教师的基本要求就是要善于表达。如果不善于表达，从严格意义上来说，他是不应该从事这个职业的。因为道理很简单，你不善于表达，你的课就讲不清楚；而课讲不清楚，学生不易于接受，就学不到应该学到的知识、掌握应该掌握的基本功。那么，你作为教师就有一种误人子弟的嫌疑。

大家心里都清楚，在中国，教师自古以来都是被人在口头上予以特别尊敬的一个群体。但是实际上，世俗者的心里并不这样想，世俗者一般最看重的是三个字——"权"、"钱"、"名"。教师一般说来与这三个字沾不上多大的边（当然现在情况有了很大的不同，特别是一些名牌大学的大牌教授，不说三个字都有，起码"名"、"钱"二字是有的。但这毕竟是极少数人）。有了"权"，便可以受人尊敬，这是自然的，因为有很多人要求你嘛；有了"钱"，他可以过得很好，况且现代社会处于最是讲经济的时代，钱可以换来想要的东西，甚至包括"权"和"名"（这个大家都知道，耳闻目睹不在少数，看看报纸的社会新闻版都清楚了），这也容易引发世俗者的尊敬；有了"名"，自然就能借此赚到很多钱，甚至"名"太大，也是有人会请你做个什么官儿的，起码校官、公司的官是可以做到的。因此，"名人"也是能够受到很多人的尊敬的。不说别的，就拿歌星来说吧，如果唱得真是出了大名，那出场受歌迷万众狂热的欢迎声势，简直连国家元首也要甘拜下风、自叹弗如了。

　　由于教师与上面的三个字不沾边，所以唯一能受人尊敬的就是要把课教好，受他所教的学生尊敬，那也是一种成就感。因此，教师要想获取别人的尊敬，唯一的出路就是要会演讲。因为讲课也是一种专门的演讲，是面对几十乃至几百学生的说话活动。一般说来，除讲课以外，教师很少有面对学生以外的社会公众演讲的机会，原因很简单，他与"权"、"钱"、"名"三个字不沾边，谁要请你演讲？当然，有时候教师也能获得这种演讲的荣耀。但是，一旦获得了这样的机会，教师一定要记住，一定要讲得精彩。否则，你就更没地位、更没面子了。因为社会公众认为，教师善于说话是本分。因此，你要是说不好，那大家就认为你很"菜"，以后就更不把你当回事了。所以，做教师的，如果得到对学生以外的社会公众演讲的机会，一定要讲出水平，最起码要盖过一般的官员、老板、各界名人的基本水平。那么，有没有这个可能呢？我可以负责任、也是很自豪地告诉你：一般说来绝没问题！不是吗？

　　同志们：

　　你们是新进机关的年轻一代干部，今天我理应向你们表示祝贺，但是好话太多会使人忘乎所以。为了国家大业，也为了你们自己，我今天想"反其道而行之"，还望各位谅解。

　　一不祝你们万事如意。世上如意的事很少，你们事事如意，必定有人不如意。你们作为未来的掌权者，首先应该尝尝不如意的滋味，才能体谅千千万万民众的不如意，才不会在以后的工作中使别人本来如意的事情变成不如意。为官的当为民着想，唯其如此，我们的社会上才会有更多的人如意。

　　二不祝你们官运亨通。世上官少民多，这有限的官位应该让给有能力、有作为的人。你们应该靠自己的真本事去争取，那种拍马屁、靠关系而官运亨通的人是社会所不齿的。我衷心地希望这些不正之风不要在你们身上再蔓延

24

下去了。

三不祝你们一切顺利。我们都知道，现在办一件事很难，扯皮现象屡见不鲜，官僚主义早已成为社会公害。因此我建议你们在掌权之前首先去尝尝这些艰苦，才会在以后的工作中提高自己的责任感和办事效率。未来的中国靠你们，希望在你们身上不要再出现新的官僚主义，不要再人为地给别人增添麻烦。

——这就是我今天对你们最深切的祝福！①

这是一位老师在省干部培训班开学典礼上的致辞，一听就让人觉得非常有水平！

首先，按照常规的思路，致辞类演讲都是说些祝愿的话，而这位老师却没有一个"祝愿"吉利的词语；这就突破了受众——一群特别的学生（将来的高官）的心理预期，让人始料不及。这种演讲虽然不能使这些未来高官们的心里很愉快，却有引人思索回味、促人反省的独特效果，最起码能让他们觉得这位演讲的老师有与众不同的个人魅力，这不能不说是一种成功。其次，这位演讲的老师在表达方式上也有创新。他没有采用常规的正面"寄语"、"希望"的形式，以"一希望你们不要如何如何"、"二希望你们不要如何如何"、"三希望你们不要如何如何"等肯定句式来表达，而是采用否定式表达，说"一不祝你们万事如意"、"二不祝你们官运亨通"、"三不祝你们一切顺利"，让人跌破眼镜。但是，这样的"惊人之语"提出之后，他都能逐条加以解释，说出如此说的理由，让人信服，觉得语重心长。令这些未来的高官们不得不觉得老师的"祝语"真是"祝语"，是对他们今后的人生与工作大有助益的金玉良言，不得不打心眼里感激这位外冷内热的老师的善意与殷切之情。这种"反弹琵琶"式的演讲技巧，实是一种独特的创造，有着始料

---

① 《最深切的祝福——一位老师在省干部培训班开学典礼上的致辞》，《演讲与口才》1992 年第 6 期，第 42 页。

不及的独特效果。所以，它能在演讲界流播，被人津津乐道。可见，教师之所以能吃开口饭，不是没有道理的，因为他毕竟有常人所不及的语言修养及演讲技巧！

八、证婚语的韵味：钱钟书解说"真善美"

古人有一种说法："人生有四大快事：洞房花烛夜，金榜题名时，久旱逢甘霖，他乡遇故知。"其中，把结婚摆在了四大快事的第一位，可见结婚在人们心目中的重要地位。既然结婚是人生第一大快事，自然也是人生的第一大要事，因此中国人对于订婚、结婚都是特别隆重其事的。订婚、结婚都要有非常正规、隆重的仪式。而举行仪式，自然要有人出来讲话。这种场合的讲话自然就是演讲了，因为这毕竟是对参加仪式的众人说话，不是自言自语。

因为这种订婚或结婚的仪式都是特别隆重的，在这种场合演讲或说话不容易，除了讲话人要有德望外，还要有说话的技巧，说得当事人及当事人的亲属高兴，也要让参加仪式的所有嘉宾分享快乐，觉得他说得好、说得妙，说得满堂喝彩才行。这确实不容易！但是，这等难事，对于真有演讲或说话天才的人来说，还是难不倒他的。不是吗？

> 1942年，作家周而复与王女士在上海结婚，新娘是医院的护士。周而复请钱钟书当证婚人，由于他俩交情深厚，钱钟书欣然同意。
> 在婚礼上，钱钟书致辞说："新郎是搞文学的，文学讲究美；新娘是搞科学的，科学讲究真。真与美的结合，自然就善。"
> 这段精彩的祝辞，被传为佳话。（段名贵《名人的幽默》）

这则故事中提到的新郎周而复，相信不少人都知道，他就是那位写长篇小说《上海的早晨》的大文豪。而新娘王女士大家可能比较陌生，其实她也是一位非常了不得的人物，她就是那位以写《陪读夫人》而红遍全国的上海著名女作家王周生的婆婆。王周生曾写过一篇深情的文字，叫作《婆婆今年八十一》（现收在云南人民出版社2003年出版的王周生散文集《爱似深沉的海》中）。其中，略略讲到她婆婆（也就是上文说到的王女士）的生平：

> 我的婆婆王郓，今年八十一，……七十岁开始学法语，每天清晨对着收音机念念有词，没过多久，凭着英文基础，她竟能看懂法文名著。她的英文功底很好，词汇量很丰富，看英文原版书像我们看中文书一样。可是，只要我们问她一个她还不十分明了的问题，哪怕冬天睡在被窝里，她也要起来查字典或语法书。离休后她参加编写医学词典，常常为一个词钻研至深夜。……
>
> 看着婆婆那刻苦勤奋、永不疲倦的样子，很难想象她曾经是苏州城里一个书香门第人家的大家闺秀，一个娇弱的小姐，她曾经有过十分坎坷的经历。
>
> 婆婆的父亲王佩诤是著名藏书家、版本目录学家、大学教授。"文化大革命"中，数万册藏书被一卡车一卡车地抄走，批斗和殴打最终使他过早地离开了人间。婆婆受过良好的教育，三年燕京大学，两年协和医学院。抗战开始，苏州失守，她和家人逃到上海，在一个中学里教了三个月书，后来又在女成。对方是个贫穷的学生，她不管这些。他让她看译报上发表的毛泽东的《论持久战》，他让她看《东方》杂志发表的他的小说，她爱他敬佩他。有一天他告诉她，他要离开上海去延安。虽然她不太懂延安西安，但是她从《论持久战》中看到了共产党的希望，只要他去的地方，她总觉得很好。于是一对情侣，一个去了革命圣地，一个留在上海久久地等待。1942年4月的一天，他突然回到上海，母亲终于同意他们的婚事，由钱钟书先生证婚，他俩举行订婚仪式。钱先生预言："一个是医生，

一个是文学家；一个真一个美，这桩婚姻是真善美！"

带着订婚后的欣喜，他们一起来到北平结婚，在那里，度过了他们的新婚之夜。而后，她决定跟随他到延安，到天涯海角。……

到延安之后的王郓女士，先在延安中央医院做小儿科医生，后到重庆新华日报社担任医生，并时常给周恩来同志看病。解放初期，在北京香山任中央门诊部主任，为中央领导人如朱德等看病。"文革"中与许多老干部一样受冲击，被打入牛棚，被批斗。"文革"结束后，出任上海市医学情报研究所所长。可见，王郓女士确是非同寻常的女性。

新郎和新娘都是了不得的人物，证婚人钱钟书先生也是不得了的人物。他的证婚词只有三句话（两种版本说法不同，但意思一样，且都是三句话），结合当事人的职业特点，医生讲科学的真，作家追求文学的美，由此引申出"一个真一个美，这桩婚姻是真善美"的妙语，既是赞扬又是祝贺，妙语天成，简洁明了。同时，又与订婚仪式上的气氛格调特别切合，所以被人长久传播，以至于出了许多不同的记录版本。

九、公祭词的境界：邹韬奋一句话语祭鲁迅

南宋著名的民族英雄、文学家文天祥有两句传诵千古的诗句："人生自古谁无死？留取丹心照汗青。"

是啊，谁没有个死呢？一个人，无论是伟大还是卑琐，无论是大人物还是小百姓，都要面对死亡这一结局，这是自然规律。只是伟大的人物，对国家对民族对人民有益的人，他死了人们会永远怀念他歌颂他；小人物死了，人们很快就忘了他；而恶人坏蛋死了，人们会拍手称快。

但是，不管是上述哪一类人，他们死了，他的亲属都会举行不同规模不同形式的追悼仪式。而举行追悼仪式，就会有人出来致

辞，说些悼念的好话。这种场合的说话也是演讲的一种，叫作丧祭演讲。即使死者是个坏蛋，也需要在安葬时有人出来为他说几句好听的话，这是社会习惯所使然，中外皆然。说到这里，想起一个笑话：

> 小城有个风俗：一个人死了，没有人致悼词是不许下葬的。人们惯于在悼词中讲些过分夸奖死者的话，也是可以理解的。
>
> 有一次，一个恶棍死了，他的尸体摆了两天两夜，因为找不到能为他说好话的人而未能下葬。
>
> 第三天，才有一位车夫愿意为他致悼词。在坟地上，车夫说："女士们、先生们！我们知道死者是谁：一个小偷，一个骗子，一个嗜酒成性的家伙。但是，同他的两个儿子相比，他可真算得上是一位圣人君子了！"（文雅编《世界五千年幽默总集》外国卷）

这当然是一个地地道道的笑话。但是，这个笑话有两点是值得我们注意的，一是人死了总要举行一个悼念仪式，二是举行悼念仪式时总要为死者说几句好话。这两点可以说在任何民族都是一样的。

我们都知道，给坏人或小人物致悼词比较简单，顶多说几句无关紧要的、廉价的好话，大家也不会计较，不会有人出来较真。但是，要是给大人物或名人致悼词，说起话来可就不是那么容易了，这"盖棺论定"的话太难说了。如何评价死者，不仅关乎死者亲属的问题，还有一个社会道义问题。有些重要的大人物的悼词，那得国家有关高层慎重讨论才能定稿的，这个大家都知道。

虽然话这么说，但也有特别会说话的人，对于这等难题他能解决得游刃有余。不是吗？

1936 年 10 月 10 日，鲁迅在上海逝世。在公祭鲁迅的大会上，著名的出版家邹韬奋只发表了一句话的演说：

"今天天色不早，我愿用一句话来纪念先生：许多人是不战而屈，鲁迅先生是战而不屈！"（段名贵《名人的幽默》）

说到鲁迅，大家都知道他在中国文化界、文学界、教育界、思想界的独特地位。因此，对于鲁迅这样特殊的人物，要在公祭大会上演讲致辞，实在是非常难开口的。可是，当时中国著名的新闻记者、出版家、政论家邹韬奋竟然只说了一句话："今天天色不早，我愿用一句话来纪念先生：许多人是不战而屈，鲁迅先生是战而不屈！"这句话一说，大家都认为得体、高妙，并引为经典，长期被人传诵。那么，这是为什么呢？因为这句话看似简单，实则说得非常有技巧。一来因为公祭时间已晚，不便多说。即使时间不晚，在这种仪式上演讲也是以简短为宜。二来对于鲁迅先生，确实不是几句话可以评价得了的。与其一时说不清、说不好，倒不如不多说，所以选择说一句话反而有意想不到的好效果。三来演讲者运用了对比与词语变序的表达策略，说"许多人是不战而屈，鲁迅先生是战而不屈"，抓住重点，从人格上突出称颂了鲁迅伟大的人格魅力与硬骨头精神，这是对鲁迅最高的评价。因此，这一句话的公祭词可谓是言简意深，高妙精辟！

十、找饭碗的陈说词：司机求职两句话

上面说了那么多，表达的是这样一个意思：演讲无处不在，演讲需要技巧。也许有人要站出来反驳我了："这话是不假，但是演讲与我没关系！"

如果您这样说，那您就错了。我不管您是多大岁数，我都要说您几句了，您先别怪我，先听我说。如果您说："我既不想当政治家、外交家或军事家，也不想竞聘官员，更不想当名人，我要演讲干什么？"如果您这样说，我没话说。

但是，我又要问您一句："您即使是个毫无社会地位的平头百姓，那您有儿女吧？有亲朋好友吧？假使您的儿女结婚，您老能不

在仪式上说几句话？如果您一说话，那么您就是演讲了，而且我肯定您还想说得好点，也就是说要讲究点演讲的技巧呢！再假使，您的亲友中有人亡故了，您得参加葬礼吧。如果您虽然位不高但年高，他们要您出来说几句话，您能不说吗？您一说，您这就是在作葬礼演讲了；而且我肯定您会认真讲，讲究技巧，决不会信口开河的。"

假使您说："这些场合的讲话我完全可以推辞掉，找别人代替。"那么，我又要问您一句了："您要吃饭吗？您要吃饭，您就得找饭碗，也就是找工作。您能说不吃饭，不找工作吗？不会吧！如果您要找工作，那么对不起，您就得演讲，而且要讲究演讲技巧，否则这饭碗就拿不到。要知道现在是市场经济，是竞争的时代，找工作要面试，要演讲说出您应聘这个岗位的理由。说得好，您才可能有工作，否则，对不起，您老家里凉快去吧！"

我说得不对吗？现实是最好的回答，请看下面的例子吧：

　　某中学为了体现用人公开、公平、公正的原则，从校领导、教师到勤杂人员全部实行竞争上岗。为了节省开支，原来的两部小车只留用一部，因此司机也只能用一个。原来的两名小车司机甲与乙也只好通过竞争来决定谁上岗。

　　甲、乙两名司机的驾驶技术、年龄、文凭都不相上下，竞争上岗就只好通过演讲这一形式进行，以评委打分的结果为准。

　　演讲的这天上午，司机甲手持讲稿上台后，从当前的形势、思想认识以及本人的打算等方面讲得头头是道，演讲足足花了三十分钟的时间。轮到司机乙演讲时，他空着手、步伐从容地登上讲台，双目环顾四周后，从容不迫地说："尊敬的领导，各位老师：干我们这一行的，我总结出两点，归纳起来也就两句话，那就是'吃得喝不得，听得说不得'。我以前是这样做的，如果这次学校仍能聘用我，我将继续严格按照这两点做下去。谢谢！"不足一分钟的演讲，赢得了全场听众的掌声。

　　结果，司机甲被淘汰，司机乙获胜上岗。①

　　我们都知道，现在当小车司机已经不是一份很好的差事了，给领导开小车要起早贪黑、随叫随到，不仅行动没有自由，说话也不自由。万一偶尔听到了一些不该听到的话，也得憋在心里，不能乱说出去，否则就要造成不必要的麻烦，工作也就有问题了。如果您是一位好喝一口的人，您得忍住了，千万不能开戒喝酒，这既有违交通规则，又危及领导的生命安全。就是这样的一个并不特别好的职业，现在也不易找了。因为中国人实在太多，工作岗位实在有限，大家只好本着平等竞争的原则，在用人单位的"公平、公正、公开"三原则下，用自己的嘴巴去争取了。

　　上面故事中的甲、乙二司机就是在这种时代大背景下被逼走上他们以前从未想过的演讲台，凭着自己的嘴上功夫，由评委考察评分而决定取舍的。结果，甲司机丢了饭碗，而乙司机幸运地获得了这一份难得的工作岗位。那么，何以如此呢？甲司机精心准备了讲稿，从当前形势、思想认识讲到个人今后的打算，讲得头头是道，讲得好辛苦，结果却没被录用，他冤吗？似乎不能这么说，游戏规则规定由评委投票决定，评出来的结果当然是公正的。说乙司机幸运，似乎也不妥当。因为他确实讲得好，他把话说到了评委们的心坎里去了。他说："干我们这一行的，我总结出两点，归纳起来也就两句话，那就是'吃得喝不得，听得说不得'。我以前是这样做的，如果这次学校仍能聘用我，我将继续严格按照这两点做下去。"说到了点子上，说到问题的本质上去了。开车嘛，不喝酒，保证行车安全；不多话，让领导安心，就此两条就够了，开车与当前形势与个人认识有何关涉？在表达上，乙司机也有技巧，他总结当司机

────────

　　①　日月：《1 分钟演讲何以战胜 30 分钟演讲？》，《演讲与口才》2001 年第 4 期，第 31 页。

的基本条件："吃得喝不得，听得说不得。"概括精当，形式齐整，说起来朗朗上口，评委听进去也容易记住，当然印象就深，感觉就好。因此，他在竞争中胜出是理所当然的。

听完了这个现实中活生生的故事，谁还能说自己可以一辈子不演讲、演讲时不需要讲究演讲技巧？

第一章　演讲的基本原则：技巧的技巧

　　只要有过演讲或听过演讲的经验，都会直觉地感悟到这样一个基本道理：演讲技巧有千千万万，但演讲有三条最基本的原则是所有演讲者都必须遵循的。这三条基本原则，便是"用词须平易"、"造句须简约"、"结篇须短悍"。这三条原则看起来平常，似乎算不上什么演讲的技巧，但恰恰这三条才是演讲最大的技巧，可以说是演讲技巧的技巧。

　　众所周知，演讲是面对公众的演说，听众的文化层次、文化背景也是多种多样的，演讲者的演说必须保证所有听众都能听得明白，理解其中的意思。因此，为了达到这个目标，演讲者就只能在选词择语时努力做到平易通俗了。说得具体点，就是要使用口语词，少用或不用生僻难懂的文言词、书卷气较重的书面语词或文学色彩较浓的词语；只要不妨碍理解接受，民间生动活泼的俗语俗词也可以适当使用，但地域色彩较浓的方言词应该慎重使用（除非是面对清一色的某一方言区听众演讲），以免造成理解上的障碍，从而影响了听众接受的效果。我们在日常生活中可能有这样的经验：常常见到有些学问很大的学者或很会写作的大作家，说起话来却效果极差。这是什么原因呢？这是因为他们习惯于且善于运用书面语词写作，不熟悉或不善于使用口语词，所以当他们面对公众说话时，一时找不到恰切的口语词来表达，只好用他们熟悉且习惯的书面语词来表达。要知道，说话是凭口直言，话一出口，转瞬即逝，不同于阅读书面的东西，没明白意思还可以回过去再看一遍。因此，只有使用平易通俗的词语才能使听众接受起来比较容易，容易理解其意义。演讲者所说的每句话的意思都被听众理解了，演讲者所要达到的演讲目标自然就实现了。试想，对于演讲者来说，还有

34

什么比听众听懂了自己的演讲内容、明白了自己所宣示的演讲意旨更重要的呢？对于这一点，西方人似乎懂得很透彻。在西方国家，演讲者为了更好、更大限度地保证自己的演讲能被广大听众所理解，"往往避免使用生僻、难懂的词汇，从而使演讲通俗易懂。据英国语言学家统计，近代西方著名英语演讲在用词方面，小词（即常用词和六个字母以下的短词）占70%至80%，不常用的词汇以及一些来自拉丁语、希腊语、法语的难词仅占20%左右，因此许多英语初学者都喜欢将近代著名的英语演讲作为其自学材料"①。西方演讲者注重"小词"在演讲中的使用，和我们上面所强调的要尽可能地使用平易通俗的口语词是一个性质。

　　我们也知道，演讲直面的是听众。演讲者凭口，听众凭耳。除此，别无所依凭（当然现在情况不同了，很多人演讲时会运用多媒体如PPT辅助）。因此，除了用词要平易通俗外，演讲时使用的句子也要简约。说得具体点，就是要尽量使用短句子、结构简单的句子，绝不能使用那种字数多的长句、层次关系复杂的复句。如果运用了这种长句或复句，在演讲者转瞬即逝的语流中就会出现这样的情况：听众对演讲者所说的谓语动词与宾语的对应关系还没弄清，或对复句的偏句与正句之间的前后关系还没反应过来，演讲者已经讲到后面去了。结果，就会造成听众总是跟不上演讲者的思路，不能完整地掌握演讲者演讲的全部内容；或者虽然勉强跟上了演讲者的思路，却感到听得太吃力、太紧张，那他的听讲就成了一种不愉快或痛苦的情感折磨。试想，这样的演讲能够有什么效果呢？因此，有经验、真正懂得演讲技巧的人，他们在演讲时一定会注重使用短句或结构简单的单句，还有一些省略句、无主句、独词句等。一定需要用到复句才能达意时，也尽量避免使用关系复杂的多重复句，或将复杂的复句化解成多个单句来表达。在这方面，西方人似乎也懂得更多些。记得贾影在《近代西方著名演讲的语言特点》一

---

　　① 贾影：《近代西方著名演讲的语言特点》，《演讲与口才》2002年第9期，第28页。

文中就曾举过可以印证我们上面所说的意思的西方演讲的例证："短句所含字数少，结构简单，有的甚至是无主语或独词句，这可以使演讲铿锵有力、活泼生动，还能造成跳跃起伏、节奏明快的听觉效果。英国政治家查尔斯·福克斯于1794年发表的《自由就是秩序》的演讲就是以短句开头的：'自由是利剑，自由是力量。'两个铿锵有力的短句，开门见山，立即吸引了在场的听众。同样是关于自由，美国政治家帕特里克·亨利于1775年3月发表的《不自由，毋宁死》的著名演讲，驳斥向英国殖民主义者妥协的主张，号召人们为自由而战斗，他是用几个短句结尾的：'我不知道别人会怎么做，但对我来说，不自由，毋宁死！'短短几句话，斩钉截铁，掷地有声，犹如嘹亮的战斗号角，唤起北美殖民地人民拿起武器反抗英国殖民主义者的决心。从此'不自由，毋宁死'就成了鼓舞受压迫人民为自由、独立而战的口号。"① 由此，我们可以见到演讲中造句简约是一个很重要的原则，也是一个很关键的技巧。

除了"用词须平易"、"造句须简约"两个原则外，演讲还有一个非常重要的原则需要遵循，这就是篇幅上要短小精悍，绝不能长篇大论，更不能作"懒婆娘的裹脚布——又臭又长"的言之无物、内容空洞的所谓"演讲"。因为从心理学的角度看，人的注意力的维持是有一定限度的，超过这个限度，人的注意力就会涣散，接受效果或工作效果就要受到影响。一般来说，在半小时到一小时之间，大多数人都能维持注意力的集中。比方说，我们大中小学的课程安排，一般都设定一节课为45分钟。这其实是教育学家根据心理学原理而制定的，有其科学理据在其中的。而国外如日本一节课为90分钟，我是在日本做过教授的，有切身体会，不仅课程的后半段时间学生易于走神，做老师的也感到疲乏，在学生情绪的感染下更加不能提高教学效率。演讲如教师上课一样，听众与学生一样，注意力的保持是取得好的接受效果的关键所在。因此，演讲者的演讲

---

① 贾影：《近代西方著名演讲的语言特点》，《演讲与口才》2002年第9期，第28—29页。

必须在一小时内结束（除有特别的内容或有特别情趣的话题），否则演讲效果必然不好。如果不遵循这一演讲的基本原则，还想听众对你的演讲有好的反应，其实是不可能的。在中国，很多人比较讲究给人面子，就算演讲者的演讲不精彩，或因演讲时间过长而听得疲倦了，往往仍然留在现场坚持到演讲结束，最后还假惺惺地礼节性地给鼓个掌。这是中国人厚道的做法，如果换成西方人，那情形就不一样了，因为"西方社会开放，风气自由，如果听众对演讲失去耐心，不会为了礼貌而留在现场耐心地等候结束。因此演讲者必须努力将演讲控制在听众的耐心范围之内，因此近代西方著名演讲较少长篇大论、繁冗巨制，而多短小精悍、言简意赅之作。例如美国总统华盛顿在 1793 年 3 月 4 日发表的第二次就职演讲，全文一共只有 5 个句子，133 个单词。又如林肯于 1863 年 11 月 19 日发表的著名的《葛底斯堡演讲》，全文也仅有 10 个句子，275 个单词，还不到 3 分钟。"[①] 对于演讲所须遵循的"结篇短悍"的原则，记得美国的演讲学家佩吉·努南曾在其所著《演讲致胜要诀——美国前总统里根演讲的专职撰稿人经验谈》一书中对此说得更直观："演讲不要超过 20 分钟。这一点看起来似乎难以相信：越是重要的内容，越需要用更短的时间去表达它。1863 年美国总统林肯提出'民有、民治、民享'的葛底斯堡演讲，只用了三分钟的时间。请记住美国前副总统休伯特·汉佛莱的妻子对她丈夫的劝告：'一次流芳百世的演讲不能是冗长不堪的。'"[②] 我想，这话对所有的演讲者都是有启发的。

一、用词平易：章太炎放言"我是神经病"

> 大概为人在世，被他人说个疯癫，断然不肯承认。独

---

① 贾影：《近代西方著名演讲的语言特点》，《演讲与口才》2002 年第 9 期，第 28 页。

② ［美］佩吉·努南著，晓冉编译：《演讲致胜要诀——美国前总统里根演讲的专职撰稿人经验谈》，《演讲与口才》1998 年第 11 期，第 26 页。

有兄弟却承认我是疯癫，我是有神经病，而且听见说我疯癫，说我有神经病的话，倒反格外高兴，为什么缘故呢？大凡非常的议论，不是神经病的人断不能想。就能想亦不敢说。遇着艰难困苦的时候，不是神经病的人，断不能百折不回，孤行己意。所以古来有大学问或大事业的，必得有神经病，才能做到。……为这缘故，兄弟承认自己有神经病，也愿诸位同志人人都有一两分的神经病。近来传说某某是有神经病，某某也是有神经病，兄弟看来不怕有神经病，只怕富贵利禄当面现前的时候，那神经病立刻好了，这才是要不得的呢！①

这是章太炎于清光绪三十二年（1906）东渡日本，在日本留学界及民党欢迎会席上的演讲词。（见徐一士著《一士类稿》一书中的《谈章炳麟》一文）

章太炎其人是中国近现代史上的大名人，他的弟子鲁迅曾在《名人与名言》一文中评说："太炎先生是革命的先觉，小学的大师。"（案：所谓"小学"指中国传统的文字学、音韵学、训诂学等传统学问，"小学的大师"即我们所常说的"国学大师"是也）又评说太炎先生是"先哲的精神，后生的楷模"。但是，从言语行事来看，章太炎又可谓是中国近现代史上的一大奇人。他早年师从清末著名学者俞樾（《古书疑义举例》的作者）"精研故训，博考事实"。中日甲午战争失败，清廷与日本签订了丧权辱国的《马关条约》之后，章太炎被严酷的现实所唤醒，毅然走出书斋，先参与康梁维新变法，失败后东渡日本，与孙中山先生相晤，由主张变法转变为倾向革命，主张推翻清政府，建立资产阶级共和国。他"因宣传革命，被监禁于上海'西牢'三年，1906年6月获释出狱，同盟

---

① 章太炎的这段演讲词，不少引文中有文字上的个别差异。这里是根据徐一士著《一士类稿》（山西古籍出版社，1996年）中的《谈章炳麟》一文中的记载文字，同时结合了台湾学者沈谦《林语堂与萧伯纳》（中国友谊出版公司，1999年）一书中的《章太炎是"神经病"》一文中的引文比勘而辑出的。

会派员迎接赴日。7 月 15 日，在东京的中国留学生集会欢迎章太炎，他发表《在东京留学生欢迎会上的演说辞》，宣扬革命，洋溢着爱国热情，其中最精彩的惊人之说，是自认是神经病"①。他自认是神经病的理由，在《演说辞》中说得很清楚。我们一听这番话，便知章太炎其实并不是神经病，他所说的"神经病"，是指敢说敢做、百折不回的志士仁人所应具备的品质。虽说章太炎其实不是"神经病"，但他的很多言语行事却是够奇的了。据说，他在日本时，日本警方循例要他填张表格，他于"职业"栏填"圣人"，"出身"栏填"私生子"。于此可见，章太炎的言行真是有些独具一格。

章太炎虽然是个革命的先觉，思想非常激进，言语行为也是特立独行的，但是，由于是研究旧学（"小学"）出身的缘故，他在对待语言方面却是异常的保守，在"五四"时代他还是极力反对白话文的重要人物，以致他的弟子鲁迅在《名人与名言》一文中也毫不隐瞒自己对这位老师的不满，说："倘谈文献，讲《说文》，当然娓娓可听，但一到攻击现在的白话，便牛头不对马嘴。"可是，这样一个极力反对白话文的人，在东京的演讲中却没有使用一个文言词或艰深古奥的书卷语词，通篇都是鲜活通俗的大白话。由这一点，可见他也不是"神经病"。他脑子清楚得很，面对那么多留学生和革命党人演讲，为了推行他的政治理念，"革命就要有超乎寻常的毅力和坚忍不拔、百折不回的坚定意志，要像精神病人那样想常人不敢想、做常人不敢做的大事业"，故而他不仅以"正意反说"、自称"神经病"的表达方式来吸引听众的注意力，还一以贯之地遵循了"用词平易"的原则，以平白通俗的大白话来表达自己的意思，使听众听来易懂易理解，好接受，有如拉家常、聊闲天，在亲切自然的气氛下布达了自己所要宣传的政治理念。有这等演讲技巧的人，他可能是"神经病"吗？

章太炎是"五四"时代反对白话文的代表人物，他演讲时尚知

---

① 沈谦著：《林语堂与萧伯纳：看文人的妙语生花》，北京：中国友谊出版公司 1999 年版，第 81 页。

道遵循"用词平易"的原则，那么"五四"时代引领新文学革命、提倡白话文学的领袖人物胡适自然就不用说了。他更是把这一演讲原则也是最大的演讲技巧运用到了极致，请听他是如何对听众讲《诗经》的：

> 中国从前的文字没有完全做到记录语言的职务；往往在一句话里面把许多虚字去掉了。《尚书·商盘》、《周语》为什么不好懂？就是因为当初记录时，没有把虚字记录下来，变成电报式的文字。现在打电报，为了省钱，把"的"、"呢"、"吗"等虚字去掉。古代的文字记载所有过简的毛病，不是省钱，而是因为记录的工具——文字不完全。大概文字初用的时候，单有实字——名词、代名词，没有虚字。实字是骨干，虚字是血脉、精神。骨干重要，血脉更重要。所以古时的文字，不容易把一个人讲的话很完全地记录下来。到了春秋时代，文字有了进步，开始有说话的完全记录。最早最好的说话记录，是《诗经》。《诗经》里的《大雅》、《周颂》，文字还不十分完全。但是《国风》全部和《小雅》一部分，是民间歌唱的文字；因为实在太好了，所以记录的人把实字、虚字通通记录下来了。如"投我以木桃；报之以琼瑶。匪报也，永以为好也！"表示口气的"也"字都写出来了。又如"俟我于著乎而？充耳以素乎而？尚之以琼华乎而？"你看看，耳环带红的好，还是带白的好？又带什么花咧？把一个漂亮的小姐问他爱人的神态，通通表现出来了。这是记录文字的一个好榜样。（胡适《传记文学》）

这是胡适 1953 年 1 月 12 日在台湾省立师范学院所作的一次演讲中的部分内容，原载于 1953 年 1 月 13 日台北《中央日报》、《公论报》等报刊之上。

大家都知道，《诗经》是中国最早的诗歌总集，《诗经》所用的语言是三千多年前的先秦时代的语言。如何把《诗经》中所表现的思想和它的文学特色、文学价值告诉听众，实在不是容易的事。读过大学中文系的人都会知道，讲《诗经》的老师讲得多吃力，学生听得又多吃力。可是，你听听胡适讲《诗经》，你觉得听不懂吗？你觉得听起来吃力吗？完全没有，他讲得是那么朴质无华，却又风趣生动，谁会觉得《诗经》是那么难懂？相反，听众听来只有一种感觉：古奥的先秦作品竟然有那等独特的艺术魅力，是应该好好学习！

由此可见，即使是最艰深的学问，只要演讲者能够遵循"用词平易"的原则，讲得通俗易懂，也是可以娓娓动听、令听众觉得兴味盎然的。关键就看演讲者有没有那等语言功力，能否把"用词平易"这一演讲技巧运用得好，并发挥最大的作用。

二、造句简约：梁启超痛快淋漓说"人权"

诸君看见我这题目，一定说梁某不通：女也是人，说人权自然连女权包在里头，为什么把人权和女权对举呢？哈哈！不通诚然是不通，但这个不通题目，并非我梁某人杜撰出来。社会现状本来就是这样不通，我不过照实说，而且想把不通的弄通罢了。

我要出一个问题考诸君一考："什么叫做人？"诸君听见我这话，一定又要说："梁某只怕疯了！这问题有什么难解？凡天地间'圆颅方趾横目睿心'的动物自然都是人。"哈哈！你这个答案错了。这个答案只能解释自然界"人"字的意义，并不能解释历史上"人"字的意义。历史上的人，其初范围是很窄的，一百个"圆颅方趾横目睿心"的动物之中，顶多有三几个够得上做"人"，其余都够不上！换一句话说：从前能够享有人格的人是很少的，历史慢慢开展，"人格人"才渐渐多起来。

诸君听这番话，只怕越听越糊涂了。别着急，等我逐

41

层解剖出来。同是"圆颅方趾横目睿心"的动物，自然我做得到的事，你也做得到；你享有的权，我也该享有。是不是呢？着啊，果然应该如此。但是从历史上看来，却大大不然。无论何国历史，最初总有一部分人叫做"奴隶"。奴隶岂不也是"圆颅方趾横目睿心"吗？然而那些非奴隶的人，只认他们是货物，不认他们是人。诸君读过西洋历史，谅来都知道古代希腊和雅典，号称"全民政治"，说是个个人都平等都自由。又应该知道有位大哲学家柏拉图，是主张共和政体的老祖宗。不错，柏拉图说，凡人都应该参与政治，但奴隶却不许。为什么呢？因为奴隶并不是人！雅典城里几万人，实际上不过几千人参与政治。为什么说是全民政治呢？因为他们公认是"人"的都已参与了，剩下那一大部分，便是奴隶，本来认做货物不认做人。

不但奴隶如此，就是贵族和平民比较，只有贵族算是完完全全一个人，平民顶多不过够得上做半个人。许多教育，只准贵族受，不准平民受；许多职业，只准贵族当，不准平民当；许多财产，只准贵族有，不准平民有。这种现象，我们中国自唐虞三代到孔子的时候便是如此；欧洲自罗马帝国以来一直到18世纪都是如此。

在奴隶制度下，不但非奴隶的人把奴隶不当人看，连那些奴隶也不知道自己是个"人"。在贵族制度底下，不但贵族把平民当半个人看，连那些平民也自己觉得我这个人和他那个人不同。如是者浑浑沌沌过了几千年。

人是有聪明的，有志气的，他们慢慢地从梦中觉醒起来了！你有两只眼睛一个鼻子，我也有一个鼻子两只眼睛，为什么你便该如彼我便该如此？他们心问口、口问心，经过多少年烦闷悲哀，忽然石破天惊，发明一件怪事："啊，啊！原来我是一个人！"这件怪事，中国人发明到什么程度我且不说，欧洲人什么时候发明呢？大约在十五六世纪文艺复兴时代。他们一旦发明了自己是个人，不知不觉地便齐心合力下一个决心，一面要把做人的条件预备充实，一面要把做人的权利扩张圆满。第一步，凡是人都要有受同等教育的机会，不能让贵族和教会把学问垄断。第二步，凡是人都要各因他的才能就相当的职业，不许说某项职业该被某种阶级的人把持到底。第三步，为保障前两事起见，一国政治，凡属人都要有权过问。总说一句：他们有了"人的自觉"，便发生出人权运动。教育上平等权，职业上平等权，政治上平等权，便是人权运动的三大阶段。

啊，啊！了不得，了不得！人类心力发动起来，什么东西也挡他不住。"一！二！三！开步走！""走！走！走！"走到18世纪末年，在法国巴黎城轰地放出一声大炮来：《人权宣言》！好呀好呀！我们一齐来！属地么，要自治；阶级么，要废除；选举么，要普遍。黑奴农奴么，要解放。19世纪全个欧洲、全个美洲热烘烘闹了一百年，闹的就是这一件事。吹喇叭，放爆竹，吃干杯。成功！凯旋！人权万岁！从前只有皇帝是人，贵族是人，僧侣是人，如今我们也和他们一样，不算人的都算人了，普天之下率土之滨凡叫做人的，都恢复他们资格了。人权万岁！万万岁！

万岁声中，还有一大部分"圆颅方趾横目睿心"的动物在那边悄悄地滴眼泪。这一部分动物，虽然在他们同类中占一半的数量，但向来没有把他们编在人类里头。这一部分人是谁，就是女子！人权运动，运动的是人权。他们是women不是men，说得天花乱坠的人权，却不关她们的事！

眼泪是最神圣不过的东西，眼泪是从自觉的心苗中才滴得出来。男子固然一样的两只眼睛一个鼻子，没有什么贵族、平民、奴隶的分别，难道女子又只有一只眼睛半个鼻子吗？当人权运动高唱入云的时候，又发明一件更怪的事："啊！啊！原来世界上还有许多人！"有了这种发明，于是女权运动开始起来。女权运动，我们可以给他一个名词，叫做广义的人权运动。（梁启超《人权与女权》）

　　这是梁启超于 1922 年 1 月 6 日所作的一篇讲演的片断。这篇演讲不仅全面地阐述了世界上"人权"与"女权"运动的演进历史，而且饱含激情地对"人权"特别是"女权"运动进行了热烈的讴歌。即使我们今天读到这篇演讲词，也会不禁情绪为之一振，感到气势特别壮烈，令人仿佛置身于当时的演讲现场，情不自禁地随着演讲者的情绪而心潮逐浪高，为人类人权与女权运动的兴起与成功而感到欢欣鼓舞。

　　那么，梁启超的这通演讲何以有如此独特的魅力呢？其实，说穿了也很简单，一是它用词通俗平易，符合我们上面所说的演讲所应遵循的第一条原则"用词平易"。我们可以看出，在这篇讲演辞中讲演者梁启超所用词语绝大多数是口语中使用频率高的常用词、通用词而力避书卷气很浓的语词或生涩古奥的文言词，如说"包在里头"而不说"包涵于内"，说"糊涂"而不说"困惑"，说"照实说"而不说"秉直言"，说"考诸君一考"而不说"请教一下诸君"，说"慢慢"而不说"逐渐"等，其他如"看见"、"题目"、"不通"、"连"、"这样"、"起来"、"着急"、"出来"、"眼睛"、"鼻子"、"怪事"、"了不得"、"喇叭"、"爆竹"、"老祖宗"、"热烘烘"、"滴眼泪"、"关她们的事"等语词，都是日常口语使用频率极高的。这些使用频率高的日常口语常用词、通用语的大量选用，使讲演显得亲切有味，易于接受。另外一个方面的原因，是演讲者使用了大量的短句，除了"凡天地间'圆颅方趾横目睿心'的动物自然都是人"等极少数因为有引语成分包括在内而加长的长句外，绝大多数句子都没有超过 15 字或 20 字。复句方面，层次关系复杂的多重复句很少见。这种短句居多、结构简单的单句和层次关系简明的复句占多数的句子比例格局，就使整个演讲显得干净利落、节奏明快，特别能凸显出演讲者那种高昂的情感情绪，适合于宣泄演讲者那壮怀激烈的情感情绪。尤其是其中"啊，啊！了不得，了不得！人类心力发动起来，什么东西也挡他不住。'一！二！三！开步走！''走！走！走！'走到 18 世纪末年，在法国巴黎城轰地放出一声大炮来：《人权宣言》！好呀好呀！我们一齐来！属地么，要自治；阶级么，要废除；选举么，要普遍。黑奴农奴么，要解放。19世纪全个欧洲、全个美洲热烘烘闹了一百年，闹的就是这一件事。吹喇叭，放爆竹，吃干杯。成功！凯旋！人权万岁！从前只有皇帝是人，贵族是人，僧侣是人，如今我们也和他们一样，不算人的都算人了，普天之下率土之滨凡叫做人的，都恢复他们资格了。人权万岁！万万岁！"这一段，大量无主句、独词句的使用，相信听过的人都会永世难忘的。虽然我们今天都无缘亲历演讲者演讲时的那种情境，不能一睹演讲者当时那种慷慨激昂的风采，但仅从这段演讲词本身，我们读来也会热血沸腾的，情不自禁地会随着那明快的节奏而发生身心的律动，为人类人权运动的胜利而欢呼，而手之舞之足之蹈之的。

也许大家会说，梁启超是革命家，容易激动，所以好用短句表达激动的情绪。那么，我举一个思想深沉的思想家鲁迅为例，他总不容易激动吧；他又是文学家，总应该喜欢长句表达吧。然而，事实到底如何呢？我们不妨看一段他的演讲吧：

　　　　宋朝的读书人讲道学，讲理学，尊孔子，千篇一律。虽然有几个革新的人们，如王安石等等，行过新法，但不得大家的赞同，失败了。从此大家又唱老调子，和社会没有关系的老调子，一直到宋朝的灭亡。

　　　　宋朝唱完了，进来做皇帝的是蒙古人——元朝。那么，宋朝的老调子也该随着宋朝完结了罢，不，元朝人起初看不起中国人，后来却觉得我们的老调子，倒也新奇，渐渐生了羡慕，因此元人也跟着唱起我们的调子来了，一直到灭亡。

　　　　这个时候，进来的是明太祖。元朝的老调子，到此应该唱完了罢，可是也还没有唱完。明太祖又觉得还有些意趣，就又教大家接着唱下去。什么八股咧，道学咧，和社会、百姓都不相干，就只向着那条过去的旧路走，一直到明亡。

清朝又是外国人。中国的老调子，在新来的外国主人的眼里又见得新鲜了，于是又唱下去。还是八股、考试，做古文、看古书。但是清朝完结，已经有十六年了，这是大家都知道的。他们到后来，倒也略略有些觉悟，曾经想从外国学一点新法来补救，然而已经太迟，来不及了。

（鲁迅《老调子已经唱完》）

这是鲁迅1927年2月19日在香港青年会所作的演讲的片断，也是一篇有关中国思想文化的学术演讲。演讲者鲁迅从容讲来，丝毫无情绪激昂的表现，但也都是运用短句、层次关系非常简明的复句，讲得温文尔雅，却又含义深刻而发人深省。可见，一篇好的演讲不管是讲什么内容、表现什么情绪，都无一不注重"造句简约"的技巧。

三、结篇短悍：胡适言简意赅述"自由"

各位朋友，同乡朋友：

今天我看见这么多朋友来听我说话，觉得非常感动，无论什么人，见到这样多人的欢迎，都一定会非常感动的。我应该向诸位抱歉。我本来早一个月来，因为有点小病，到今天才能来，并且很抱歉这次不能去台南、台东看看五十年前我住过的地方，只有希望等下次来时再去。万先生、游先生事先要我确定一个题目"中国文化里的自由传统"。这个题目也可以改做"中国文化传统的自由主义"。

"自由"这个意义，这个理想，"自由"这个名词，并不是外面来的，不是洋货，是中国古代就有的。

"自由"可说是一个倒转语法，可把它倒转回来为"由自"，就是"由于自己"，就是"由自己作主"，不受外来压迫的意思。宋朝王安石有首白话诗：

> 风吹屋顶瓦，正打破我头。
>
> 我终不恨瓦，此瓦不自由。

这可表示古代人对于自由的意义，就是"自由作主"的意思。

二千多年有记载的历史，与三千多年所记载的历史，对于自由这种权力，自由这种意义，也可说明中国人对于自由的崇拜，与这种意义的推动。世界的自由主义运动也是爱自由，争取自由，崇拜自由。世界的历史中，对这一运动的努力与贡献，有早有晚，有多有少，但对此运动都有所贡献。中国对于言论自由、宗教自由、批评政府的自由，在历史上都有记载。

中国从古代以来都有信仰、思想、宗教等自由，但是坐监牢而牺牲生命以争取这些自由的人，也不知有多少。在中国古代有一种很奇怪的制度，就是谏官制度，相当于现在的监察院。这种谏官制度，成立在中国政治思想、哲学思想之前。这种谏官为的是要监督政府，批评政府，都是冒了很大的危险，甚至坐监，牺牲生命。古时还有人借宗教批评君主。在《孝经》中就有一章《谏诤章》，要人为"诤臣"、"诤子"。《孝经》本是教人以服从孝顺，但是君王父亲有错时，作臣子的不得不力争。古代这种谏官制度，可以说是自由主义的一种传统，就是批评政治的自由。此外，在中国古代还有一种史官，就是记载君王的行动，记载君王所作所为以留给千千万万年后的人知道。古代齐国有一个史官，为了记载事实写下"崔杼弑其君"，连父母均被君主所杀，但到了晋国，事实真相依然为史官写出，留传后世。所以古代的史官，正如现在的记者，批评政治，使为政者有所畏惧，这却充分表示言论自由。

以上所说的一种谏官御史，与史官制度，都可以说明在中国政治思想与哲学思想尚未成立时，就非常尊重批评自由与思想自由。

中国思想的先锋老子与孔子，也可以说是自由主义者。老子说："民不畏死，奈何以死惧之？"孔子说："三军可夺帅也，匹夫不可夺志也。"老子所代表的"无为政治"，有人说这就是无政府主义，反对政府干涉人民，让人民自然发展，这与孔子所代表的思想都是自由主义者。孔子所说的中庸之道，实在是一个中间偏左的态度，这可从孔子批评当时为政的人的态度而知道。孔子当时提出"有教无类"，可解释为"有了教育就没有阶级，没有界限"。这与后来的科举制度，都能说明"教育的平等"。这种意见，都可以说是一种自由主义者的思想。

孟子说："民为贵，君为轻。"在二三千年前，这种思想能被提出，实在是一个重要的自由主义者的传统。孟子说："富贵不能淫，贫贱不能移，威武不能屈。"这是孟子给读书人一种宝贵的自由主义的精神。

在春秋时代，因为国家多，"自由"的思想与精神比较发达。秦朝统一以后，思想一尊，因为自由受到限制，追求自由的人，处于这"无所逃于天地之间"的环境中，要想自由实在困难，而依然有人在万难中不断追求。在东汉时，王充著过一部《论衡》，共八十篇，主要的用意可以一句说明"疾虚妄"。全书都以说老实话的态度，对当时儒教"灾异"迷信，予以严格的批评，对孔子与孟子都有所批评，可说是从帝国时代中开辟了自由批评的传统。再举一个例：在东汉到南北朝佛教极盛的时候，其中的一位君王梁武帝也迷信佛教。当时有个范缜，他著述几篇重要文章，其中一篇《神灭论》，就是驳斥当时盛行的灵魂不灭，认为"身体"与"灵魂"，有如"刀"之与"利"。

假如刀不存在，则无所谓利不利。当时君王命七十位大学士反驳，君王自己也有反驳，他都不屈服，可说是思想自由的一个表现。再如唐朝的韩愈，他反抗当时疯狂的迷信。写了一篇《谏迎佛骨表》，痛骂当时举国为佛骨而疯狂的事，而被充军到东南边区。后又作《原道》，依然是反对佛教。在当时佛教如此极盛，他依然敢反对，这正是自由主义的精神。再以后如王阳明的批评《朱熹》，批评政治，而受到很多苦痛。清朝有"颜李学派"，反对当时皇帝提倡的"朱子学派"，都可以说明在一种极不自由的时代，而争取思想自由的例子。

在中国这二千多年的政治思想史、哲学思想史、宗教思想史中，都可以说明中国自由思想的传统。

今天已经到了一个危险的时代，已经到了"自由"与"不自由"的斗争。"容忍"与"不容忍"的斗争。今天我就中国三千多年的历史，我们老祖宗为了争政治自由、思想自由、宗教自由、批评自由的传统，介绍给诸位。今后我们该如何地为这自由传统而努力。现在竟还有人说风凉话，说'自由'是有产阶级的奢侈品，人民并不需要自由。假如有一天我们都失去了"自由"，到那时候每个人才真正会觉得自由不是奢侈品，而是必需品。（胡适《中国文化里的自由传统》）

这是胡适1949年3月送妻子江冬秀去台湾，在台湾作短暂逗留时，27日在台北市中山堂所作的一次演讲（由黄谷辛记录，原载1949年3月28日台湾《新生报》）。这次演讲及其演讲的内容，我们联系当时的历史背景，立即便知其真意所在。他是在说古讽今，批评蒋介石实行独裁统治、压制民主自由思想。因为大家都知道，胡适是以中国"自由主义大师"而自居的。

这是一篇非常专业的学术讲演，但是我们今天一读这篇讲演稿，就可以想见当时胡适演讲时一定取得了非常好的效果。这是因为，这篇学术演讲除了符合我们前面两节所说的两个演讲基本原则"用词平易"、"造句简约"外，还突出地体现了演讲的第三个基本原则——"结篇短悍"。按常理，学术演讲可以突破一般演讲的限制，完全可以在篇幅上长一些，胡适却只用了1 725个字就把中国三千多年的"自由主义"传统以及今天人民需要争取"自由"的意义讲得极为透彻，上下几千年，娓娓道来，条理清晰，听来十分亲切有味。那么，胡适为什么讲这样大的一个题目却只讲了1 725个字呢？难道他的学养不足、肚子里没货，讲不出什么内容才讲得这么短？还是他不善于演讲，怕讲多了反而露了丑？我想，说别人大概大家未必了解，但胡适的背景中国人很少有不了解的。记得胡适是这样概括自己的：哲学是职业，历史是训练，文学是娱乐，演讲是爱好。由他这句话，我们便知，胡适不是学养不足、肚子里没货，更不是不会演讲，而是他真正懂得演讲的真谛、懂得演讲的技巧。他在美国那种热衷于演讲的国度里浸淫了那么多年，又在中国抗日战争期间做中国驻美大使四年，为了争取美国对中国抗日战争的援助支持，他上在罗斯福总统和美国的国会议员、政界要人面前游说演讲，下向美国各界民众宣传中国的抗日战争，巡回演讲数千场，那种独特的魅力是美国人乃至世界各国人民都有口皆碑的。因此，可以说胡适是真正的演讲大家，他对演讲技巧的把握自然是到了炉火纯青的地步。因此，他讲了这一个大题目，且是作了认真准备的，却只讲了1 725个字，是他谙于演讲技巧与真谛的表现。因为他真正懂得听众的心理，任何内容的演讲都不能时间过长，特别是学术演讲由于内容上的专业性，趣味性要受到很大限制，因此演讲时间更不能过长，否则听众心理就要疲乏，听讲的注意力就会因之而涣散，结果演讲的接受效果就要大打折扣。正是因为胡适懂得这种演讲的基本原则，也是演讲最大的技巧，所以他选择了用1 725字来完成这个演讲，在听众注意力能够保持最佳状态的时效内言简意赅地把自己所要表达的意思表达出来。如果我们认真研究过胡适的全部数百万字的演讲稿，就会发现胡适绝大部分的演讲都是篇制很短的。如果是专门的学术演讲，需要长篇大论，他往往采用分多次演讲的方式来完成，道理也就在这里。

　　学术演讲本来是可以篇幅较长的，可是像胡适这样有演讲经验和演讲智慧的人还要特意讲得篇幅短小，那么，其他类型的演讲要想取得好的效果，自然就更应该遵循"结篇短悍"的原则了。可以说，俺们中国人都是聪明人，不仅大学者胡适懂得演讲应该遵循"结篇短悍"的原则，就是我们的农民兄弟也是深谙此道的。不是吗？请看下面一个真实的故事：

　　　　湘南某村正在进行村民委员会换届选举。五位候选人依次在台上进行竞选村委主任的演讲，老郭最后一位上场。大家原以为他也会和其他四位候选人一样发表"施政纲领"，但出乎意料，他的演讲全文如下：

　　　　"我只讲两句话。第一句，如果大家选我干，我一定玩命干，好好干，干好这三年。第二句，如果大家不选我，我屋里还有两万斤谷，四百只鸭，每年也有两万块钱的收入。我讲的完了。"

　　　　质朴的语言，赢来在场村民一片会心的笑声。在此后的投票选举中，老郭以得票最多顺利当选。①

　　我们知道，竞选官职是一件大事，每一位候选人都会特别重视，并精心准备，抓住竞选演说的机会把自己参加竞选的理由以及"施政纲领"大谈特谈一番，以期获得选民的赞同并争取他们的一票。

　　村委主任虽然不是什么大官，但既然有五位候选人出马竞选，可见他们还是很重视的。当前四位候选人都按常规作了较长篇幅的演讲后，不意轮到这位姓郭的农民老哥最后上台演讲时，却并不珍惜他应有的演讲时间，好好讲讲他的竞选理由及"施政纲领"，而是只讲了两句话："第一句，如果大家选我干，我一定玩命干，好

──────────

　　① 邹红华：《简短质朴的大实话》，《演讲与口才》1999 年第 2 期，第 28 页。

好干，干好这三年。第二句，如果大家不选我，我屋里还有两万斤谷，四百只鸭，每年也有两万块钱的收入。我讲的完了。"前一句表明了自己若能当选后的决心，语气坚定，让人觉得他的话讲得实在！后一句表明自己对于落选的达观态度，同时向大家暗示：他是个能人，不当也能过好日子。这隐含的语意绵里藏针，告诉大家不选他当村委主任，不利的是广大村民，而不是他个人。两句话不多，却句句说到要害上，弦外有音。这样好的演讲，怎么能不打动人心呢？他怎么可能不当选呢？

记得台湾学者沈谦教授曾在一次讲演中说过一句很有意味的话："说话的多少与地位的高低成反比，说话速度的快慢也与地位的高低成反比。官越大，说的话越少；官越大，说话的速度越慢。"这话，您仔细想想还真是正确无疑呢！不是吗？官大，他就不能乱说话，祸从口出，言多必失，为保住乌纱帽还是少说为妙，说得越少越安全；官大，责任就大，说话就要负责，必须想着说，不能信口开河，所以说话越慢越保险。

上面我们所说到的那位郭老哥，他能当选是有道理的。根据沈教授的"定律"，他是适合做官的，其他四位话太多，本身就不具备做官的条件。当村官要的是实干，说话的机会是不多的。因此，就应该让像郭老哥那样说话少的人当官。如果没有官可做，按照沈教授的"定律"也是可以争取到地位的。在公众场合演讲，尽量少说话，说得短，说得精悍，自然就会精彩、得体，给人以好感，有好感，不就有地位了吗？请看下面的故事：

1991年11月，中国电影的最高奖"金鸡奖"与"百花奖"在北京同时揭晓。著名演员李雪健因主演《焦裕禄》的主角焦裕禄，而同获这两个大奖的"最佳男主角"。李雪健在获奖后致辞时说："苦和累都让一个好人——焦裕禄受了；名和利都让一个傻小子——李雪健得了。"他话音刚停，全场掌声雷动。①

　　这个故事之所以被人称道传播，就是因为事主李雪健作答谢演讲时说得短悍，话不多却很精彩，令人回味。既体现了他谦虚的美德和低调为人的作风，又表达了自己对评委和广大观众的谢意，让评委和广大观众听了觉得心里舒服，觉得这奖给对人了。如果按常规说话，说了一大套，如自己演这个角色的体会、辛苦等，一定会越说越糟。在广大观众心中地位就会大大降低。

---

　　① 戴孟厚：《答谢演讲的五个"抓手"》，《演讲与口才》1992 年第 10 期，第 23 页。

第二章　演讲起首的技巧

起首（即开头）对于一篇演讲来说是非常重要的。俗话说："千丈的绳子，还要从头搓起。"为什么起首就那么重要呢？这是有心理学理据的。记得大学学心理学时，老师讲过这样一个心理学实验：将一组20个左右的没有规律的字母或符号放在一起，让受验者在十分之一秒看完。然后，让他说出他所看到的字母或符号。结果，往往很多人都能说出摆在开头和结尾的那个字母或符号，而对中间部分的绝大多数字母或符号都没有印象。

那么，为什么会有这种情况呢？这又可以从心理学上找出理据。因为受验者看到第一个字母或符号时，没有受到"前摄抑制"（即先前的记忆负担）的干扰。说得更具体点，就是受验者在受验开始后，看到第一个字母或符号之前记忆中没有别的记忆负担，因此比较容易一下子就把首先进入眼帘的字母或符号记住了。而后续的第二第三位或更后位的字母或符号，因为有了第一个首先进入记忆的字母或符号的"前摄抑制"作用，就不易被记住而在脑海中留下印象。最后一个字母或符号易于被记住，是因为受验者在记忆最后一个字母或符号时，没有"后摄抑制"（即没有后来追加的记忆负担）的干扰（这一点，我们在下一章讲"结尾"时将专门论述）。

除了心理学实验上的理由可以让我们明白起首的重要性以外，日常的生活经验也可以给我们很多启示。比方说，一个人给你的第一印象特别好，那么你首先从情感上就接受了他，接下来你们就有可能谈得很投机，你可能自觉不自觉、自愿不自愿地就接受了他提出的一些你本不可能接受的要求，他的目的就达到了。那么，他为什么能那么容易地达到目的呢？他给你的第一印象特别好在其中发挥了重要的作用。

演讲的起首，其实也与上述的这个比方相似。如果您的演讲开头开得好，那么听众可能因此在情感上就先有了一种崇拜感，无意识地产生了一种愿意继续听下去的欲望。即使讲到中间并不那么令人满意，因为先入为主的好印象在心理上占了主导地位，听众就可能消解了对您的苛刻要求，还是愿意继续听您说下去。反之，如果您开头开得很糟糕，听众一下子从心理上就彻底否定了您。先入为主的不良印象占据了其心理上的主导地位，即使您接下来讲得再精彩也难以完全弥补了，这就必然会使您的演讲效果大打折扣。因此，有经验、成功的演讲者首先就在演讲的起首上狠下功夫，讲究起首的技巧，以期先声夺人，一下子抓住听众的心，从而让听众成为他虔诚的听众。

下面我们介绍几种比较成功而常用的起首技巧，希望读者诸君能从中受到些启发，并能举一反三，从而使您今后的演讲更成功，由此开创您健康、快乐、充满希望的人生！

一、引言入题：胡适的"三个畜生"

钱校长，各位先生，各位同学：

在三百多年以前，英国有一位哲学家叫培根（Francis Bacon）。他可以说是鼓吹方法论革命的人。他有一个很有趣的譬喻：他将做学问的人运用材料比作三种动物。第一种人好比蜘蛛。他的材料不是从外面找来，而是从肚子里面吐出来的。他用他自己无穷无尽的丝做成很多很好看的蜘蛛网。这种人叫做蜘蛛式的做学问的人。第二种人好比蚂蚁。他也找材料，但是找得了材料不会用，而堆积起来；好比蚂蚁遇到什么东西就背回洞里藏起来过冬，但是他不能够自己用这种材料做一番制造的工夫。这种做学问的人叫做蚂蚁式的学问家。第三种人可宝贵了，他们好比蜜蜂。蜜蜂飞出去到有花的地方，采取百花的精华；采了回来，自己又加上一番制造的工夫，做成了蜜糖。培根说，这是做学问人的最好的模范——蜜蜂式的学问家。我觉得这个意思，很可以作为我今天讲"方法与材料"的说明。

在民国十七年（1928），台大前任校长傅斯年先生同我两个人在同一年差不多同时发表了两篇文章。他那时候并没有看见我的文章，我也没有看见他的文章。事后大家看见了，都很感兴趣，因为都是同样的注重在方法与材料的关系，傅先生那篇文章题目是"中央研究院历史语言研究所工作旨趣"，我那篇文章题目是"治学的方法与材料"，都是特别提倡扩大研究的材料的范围，寻求书本以外的新材料。（胡适《治学方法》之第三讲《方法与材料》）

这是胡适1952年12月6日在台湾大学所作的学术演讲中的开头一段，原载于1952年12月7日台北《中央日报》、《新生报》。

我们知道，胡适喜欢考据，且自认为自己有"考据癖"。考据特别重视材料，当然同时也注重方法的科学。众所周知，胡适在中国古典小说及《水经注》等史籍的考证方面有杰出贡献，一是因为他材料搜寻的功夫极好，二是他的研究方法十分科学，所以他的成绩才那么大。因此，在他心目中材料与方法是最重要的。为此他在这篇演讲的后面部分举了国外著名学者如赫胥黎等人的例子，以及自己考证《水经注》的研究经验，说明了材料与方法并重的重要意义。也就是说，他这篇演讲的主旨是要向听众——台湾大学的师生们说明：研究学问必须注重科学方法和充分的材料证据，这样才能作出成就。但是，他在演讲的开头却没有用自己的话直接这样说明，而是先引了三百多年前英国大哲学家培根的话来说明。这是运用了"引言入题"的策略，以权威者的名言先声夺人地阐明了自己所要宣示的演讲主旨，借他人之嘴来表达自己心中所欲表达的思想与主张。

我们知道，人都有一种心理，就是对于名人或权威人士非常崇拜，对他们的话也特别信服。因此，现实生活中我们常常就会不自觉地借重名人或权威人士的话来说服别人。事实证明，这种"引言说服"的语言策略是十分有效的。演讲是一种面向公众的说话活动，如果演讲者要向听众宣传自己的一种思想或主张，推广自己的思想或理念，采用"引言说服"的策略，引用名人或大家都信服的权威人士的话来表达自己想要表达的意思，效果是最好的。如果在演讲的开头就采用这一语言表达策略，则既能产生巨大的说服力，还能有一种先声夺人的效果，一开始就在心理上征服了听众，使自己所欲宣示的思想或理念以一种先入为主的方式进入听众的心里，然后再加以具体地说明论证，一步步地彻底征服听众。胡适在此演讲中用培根的三个比喻来开场，正是"引言入题"式策略的巧妙运用，它不仅具有很强的说服力，而且因为所引的培根之言本身是一个生动的比喻，这又使听众在心理上产生了一种喜爱的愉悦情绪，更易于接受演讲者胡适所欲宣示的治学理念与方法："注重材料和方法才是最好的治学之道，才能取得学术研究上的成功。"胡适曾多次作类似于此篇的演讲，多次引用到培根的这个比喻，这说明他是在有意识地运用"引言说服"的策略。

"引言入题"在演讲中的运用，不仅具有一种先声夺人的说服力，有时还能由此及彼，使演讲者在"引言"的基础上得以引申发挥，自然而然地阐明个人对于某一问题的看法，同样具有说服力：

　　沈从文说，他在读一本小书，同时在读一本大书。这本大书，就是社会。

　　当我们读完小书跨出校门，走向社会，就要花很多时间，读这本大书。这本大书非常繁杂，非常丰富，非常精彩。很难说，该怎么读这本书；很难判断，怎样才算读通了这本书。

　　读书的本质就是质疑，无论是读小书还是大书，都要"切问而近思"，提倡独立思考，反对人云亦云。

　　我们喜欢说，今天你们以复旦为荣，明天复旦以你们为荣。

能成为学术泰斗、成功人士、社会栋梁，复旦当然引以为荣。

但不是人人都能创造丰功伟绩，在平凡岗位上作出贡献，照样阳光灿烂，复旦同样为我们骄傲。杜鲁门当选总统，有人问她母亲，是否以自己儿子为荣，母亲说："是的。不过，我还有一个儿子，同样让我骄傲。他现在正在地里挖土豆。"

社会这本大书之所以难读，是因为一次成功，往往伴随十次、百次失败。面临失败，能无所畏惧的，大凡都是心高志远。这种永不言败的精神，更使复旦引以为荣。

只要一辈子读书，读小书，同时也读一本大书，只要质疑过、奋斗过、追求过，就是母校的骄傲。（周鲁卫《什么是母校的骄傲》）

这是留美博士、复旦大学副校长兼研究生院院长周鲁卫教授在2003年7月复旦大学研究生网上毕业典礼上所发表的演讲词。

读上面一段演讲词，我们会发现演讲者周鲁卫教授引用作家沈从文的话，并不是为了引用他的话来说明人应该"读两本书"，一本是书本的"书"，一本是"社会的书"，即既要注重书本知识的学习，也要注意在社会中学习一切应该学习的东西，而是为了自然引渡到演讲者自己所要表达的主题上：读书本的"书"，做学术研究上的栋梁固然好；离开学校后读"社会"这本更加"繁杂"的"书"，读好它，并为社会作出贡献，不论做哪一行，都是有益的。由此，再自然推衍出自己最终所要表达的理念："只要一辈子读书，读小书，同时也读一本大书，只要质疑过、奋斗过、追求过，就是母校的骄傲。"引言说理有力，引申发挥得也很自然，诚为巧妙的演讲起首模式。

二、引事入题：金庸“兰亭挥毫，北大讲学”

现在我是北京大学的一分子了，可以称大家为同学了。……我一生主要从事新闻工作。作为新闻工作者，对每一门学问都须懂得一点，但所知都是些皮毛，很肤浅。专家、教授则不同了，他们对某一门学问有钻研，懂得很深。这是两种不同的接触知识的方式。我是新闻工作者，当教授是全然没有资格的，但幸亏我是“名誉教授”，名誉教授就没有关系了，话讲错了也无所谓。我下面要讲的话，真的是要向各位老师和朋友们请教的，这不是客套。在中国学问上要请教最好的老师，当然只有到北大来，没有别的地方可去。

我今年春天去过绍兴，到兰亭王羲之以前写字的地方。那里的人让我写字，我说在王羲之的地方怎么可以写字呢？但他们非要我写不可，我只好写了八个字：“班门弄斧，兰亭挥毫。”班门弄斧很狂妄，在兰亭挥毫就更加狂妄了。这次到北大，说好要作两次演讲，我自己写了十六个字：“班门弄斧，兰亭挥毫，草堂赋诗……”在大诗人杜甫家里题诗，第四句是“北大讲学”。

大家希望听我讲小说，其实写小说并没有什么学问，大家喜欢看也就过去了。

我对历史倒是有点兴趣。今天我想简单地讲一个问题，就是中华民族如此长期地不断地发展壮大，到底有何道理，有哪些规律？……①

这是金庸在北京大学所作的一篇演讲的开头部分，读来颇是亲

---

① 金庸：《中国文明不断消长》，转引自孙海燕编著：《口才训练十五讲》，北京：北京大学出版社 2003 年版，第 280—281 页。

切有味，让人仿佛置身于演讲现场。

众所周知，北京大学是中国的最高学府，能在北京大学讲坛上作万众瞩目的演讲，是一种荣耀。但是，没有学术上的独到见解，一般人是根本不敢登上北大讲席的。金庸是中国著名的武侠小说作家，他的武侠小说写得出神入化，中国人很少有不爱读的。不仅有大、中学生看得入迷，甚至识字不到 2 000 个的小学生或实际水平不到小学毕业的半文盲也是人手一册，读得津津有味。虽然金庸的武侠小说在中国受欢迎的程度如此之甚，但作者金庸毕竟是学养深厚的学者，对中国历史文化传统、对中国传统知识分子的心理心态是心明如镜的，他知道写小说与做学问是两回事，传统的中国知识分子的价值观是重视学问而轻视创作的，这种心理在高等学府可能更严重一些。正是因为一般人有这种心态，金庸自己也知道个中缘由，所以他非常明智地在作学术演讲之前，先作了一番谦虚的开场白。

这个开场白是讲自己的一个故事："我今年春天去过绍兴，到兰亭王羲之以前写字的地方。那里的人让我写字，我说在王羲之的地方怎么可以写字呢？但他们非要我写不可，我只好写了八个字：'班门弄斧，兰亭挥毫。'"那么，他说这个故事干什么呢？这是在"引事入题"，目的是要导出他下面想要说的这样一番话："班门弄斧很狂妄，在兰亭挥毫就更加狂妄了。这次到北大，说好要作两次演讲，我自己写了十六个字：'班门弄斧，兰亭挥毫，草堂赋诗……'在大诗人杜甫家里题诗，第四句是'北大讲学'。"不难看出，这番话实际上是婉转地表明了这样一层意思：我在兰亭书圣王羲之写字的地方写字，就像在鲁班门前弄大斧，实在是太狂妄了；现在又到北大这等中国一流的大学来讲学，就像到中国诗圣杜甫的家里题诗一样，实在是不自量力了。这种比喻，表达形式上显得新颖生动、幽默风趣；在表意上则别具婉转含蓄的韵味，凸显了演讲者谦虚低调的谦谦君子之风度。这样好的表态与表达，即使他真的讲得不好，或在北大师生面前说了外行话，听众首先在心理上就先期予以了谅解，就好比一个人做错了事，在别人还未提出批评之前，他已经巧妙地求饶了一样，别人就无法再提出批评了。再说，以金庸的学养与渊博的历史知识，他又是有备而来，怎么可能说外行话呢？正因为如此，待到听众听完他的精彩演讲，就会更加佩服他的才学，更加敬仰他谦虚谨慎的高尚人格。金庸这番演讲的开头，之所以被人广泛传诵，并有许多不同版本，也就是因为他的这个演讲起首确有技巧，他采用的"引事入题"的技巧确实在演讲中发挥了独特的作用。

"引事入题"作为一种演讲起首的技巧，在实际演讲活动中常常被人使用，而且都能产生很好的效果：

> 几年前，北京体育界、文艺界开联谊会，讨论到中国的足球运动。著名交响乐指挥家李德伦兴冲冲赶来，即兴"侃"起来："我今年71岁，刚才我上五楼啊，基本上是一口气跑上来的。到了最后一层，我怕进来喘，不好说话，就稍等了一下。我体重116斤，您试试看，您能背一个一百来斤的口袋上来，爬五层楼，您怎么着，有我这么快吗？不见得会比我快。（众笑）我靠的是什么呢？是踢足球。"（众大笑）①

这是我国著名交响乐指挥家李德伦在一次联谊会上的演讲起首，也是运用了"引事入题"的策略，由自己作为一名71岁的老人而一气爬上五楼参加联谊会的事来作引子，说明自己的身体好。

那么，他为什么身体这么好呢？在自问"我靠的是什么呢"一句后，就自然导入他要说的答案："是踢足球。"由此，把演讲切入本次联谊会"讨论中国的足球运动"的主题上来。这种开场起首，不仅生动活泼，而且显得自然幽默，与联谊会演讲需要体现轻松活泼的娱乐气氛相协调，所以引得众人大笑。听众大笑，这就说明这

---

① 转引自孙玉茹：《让即兴演讲"兴"更浓》，《演讲与口才》1997年第2期，第23页。

演讲的起首是成功的。

"引事入题"的起首技巧，不仅中国人懂得它的特效性，西方人更是常常运用，可以说他们对此技巧的运用简直到了炉火纯青的地步：

> 我的生母是个聋子，因此没有办法说话，我不知道自己的父亲是谁，也不知道他是否还在人间，我这辈子找到的第一份工作，是到棉花田去做事。如果情况不如意，我们总可以想办法加以改变。一个人的未来怎么样，不是因为运气，不是因为环境，也不是因为生下来的状况。一个人若想改变眼前充满不幸或无法尽如人意的情况，只要回答这个简单的问题"我希望情况变成什么样"，然后全身心投入，采取行动，朝理想目标前进即可。
>
> 我的名字是阿济·泰勒·摩尔顿，今天我以美国财政部部长的身份，站在这里。①

这是前美国女财长在南卡罗来纳州对某学院全体学生所发表的演讲的起首部分，一上来就抓住了听讲者的心，给人的印象非常深刻。

阿济·泰勒·摩尔顿此次向大学生讲演的用意就是鼓励学生们在逆境中奋发有为，朝着自己的目标努力，改变自己的命运。为此，她没有先讲明这个演讲主旨，而是引述自己悲惨的身世与艰难的奋斗历史，然后自然导入"我的名字是阿济·泰勒·摩尔顿，今天我以美国财政部部长的身份，站在这里"。以自己今天的身份，证明了即使出身于艰难的环境，只要自己有决心改变、肯努力，就能成功的道理。很明显，这短短的一段开场白所具有的说服力和对听众心理上的征服力都是无与伦比的，没有人不在情感上被其感

---

① 转引自黄中建：《演讲中的"造势"技巧》，《演讲与口才》2001年第9期，第22页。

动、在灵魂深处被其震慑，从而对她的演讲留下深刻的印象。如果
不运用"引事入题"的技巧，就不可能有这等好的效果。

说到这位美国女财长，不禁让人想起在美国历史上乃至世界历
史上都大名赫赫的麦克阿瑟将军的一篇演讲，其开头也是运用"引
事入题"的技巧：

> 今天早晨，我走出旅馆的时候，看门人问我："将军，
> 您上哪儿去？"一听说我到西点去，他说："那是一个好地
> 方，您从前去过吗？"
>
> 这样的荣誉是没有人不深受感动的，长期以来，我从
> 事这个职业；我又如此热爱这个民族；我无法用语言来表
> 达我的感情。然而，这种奖赏主要的并非着重推崇个人，
> 而是表现一个伟大的道德情操——捍卫这块可爱土地上的
> 文化与古老传统的那些人的行为与品质的准则。这就是这
> 个大奖章的意义。从现在以及后代来看，这是美国军人的
> 道德标准的一种表现。我一定要遵循这种方式，结合崇高
> 的理想，唤起自豪感；也要保持谦虚。[①]

上引这段演讲词，是麦克阿瑟在西点军校所作演讲的开首。当
时，他是以 82 岁高龄回到母校接受勋章的。

说到道格拉斯·麦克阿瑟（Douglas MacArthur，1880—1964）
其人，不仅在美国妇孺皆知，就是在中国也是很多人都熟悉的。他
是美国著名陆军将领，曾任西点军校校长、陆军参谋长以及美国驻
菲律宾最高军事顾问、远东军司令等职。第二次世界大战期间，曾
指挥过盟军在西南太平洋地区的战争，立下赫赫战功，由此升任五
星上将。"二战"结束后，他作为"盟军最高司令官"驻镇日本。
1950 年朝鲜战争爆发，他又作为所谓"联合国军"总司令，指挥了

---

① 引自陈如松编：《世界名人精彩演说欣赏》，北京：当代世界出版社 1999 年版，
第 89 页。

侵略朝鲜的罪恶战争，因战争失败而被免职。① 这次回到西点军校受勋的演讲，虽是麦克阿瑟晚年失意时的演讲，但仍然显现出他的"名嘴"风范。

这个演讲的起首运用"引事入题"的技巧非常高明。麦克阿瑟以自己出门时看门人的问话及其对西点军校赞美崇拜之事作为引子，自然而然地过渡到自己到西点军校受勋的荣耀与作为从事军人职业的责任感的主题上来。搭挂巧妙，引渡自然，表意的连贯流畅犹如水从高处落、风从坡上来，使听众听来别有一种娓娓道来、亲切怡然的韵味。整篇演讲虽是教训，但由他这位老校长说来却又那么和蔼可听，让人深受感动。

三、仿拟悬疑：梁思成是"无齿之徒"

1963 年夏，中国佛教协会请梁思成先生去扬州，主持筹建鉴真纪念馆工作。在扬州期间，他应市政协之邀，作了有关古建筑维修问题的报告。

演讲开始，梁先生说："我是无齿之徒。"

全场愕然。

随后，梁先生慢慢地说："我的牙齿没有了，在美国装上了这副假牙，因为上了年纪，所以不是纯白，略带点黄色，因此看不出是假牙，这就叫做'整旧如旧'。我们修理古建筑也要这样，不能'焕然一新'。"（段名贵《名人的幽默》）

这里所说的梁思成（1901—1972），是大学者梁启超的长子，曾任清华大学建筑学系主任、教授，中国科学院技术学部学部委员（即今天的院士）。曾参加中华人民共和国国徽和人民英雄纪念碑的设计。他对我国建筑科学的研究工作有杰出贡献，尤其对中国古代

---

① 参见《辞海》（1989 年缩印本），上海：上海辞书出版社 1990 年版，第 2183 页。

建筑及建筑史的研究有卓越的研究成果，所著有《清式营造则例》、《中国建筑史》、《营造法式注释》及古代建筑调查报告和论文数十篇，是中国杰出的古建筑专家。① 他虽是一位建筑学家，却颇有口才，大概得之于其父梁启超善于演讲的真传。不是吗？扬州市政协请他作古建筑维修的报告，他却上台开口就说自己是"无齿之徒"，这怎么不叫听众大吃一惊？因为演讲报告都是口说，听众都是只带耳朵来的，眼睛虽带了却派不上什么用场。所以，梁思成说自己是"无齿之徒"，听众百分之百认为他说的是"无耻之徒"。这个词是个固定短语，每一个人都知道。哪有人骂自己是"无耻之徒"呢？这怎么能不让听众困惑呢？

其实，让听众产生困惑正是演讲者梁思成的目的。他这是在运用修辞学上的"仿拟"手法，利用声音的相同，由"无耻之徒"临时仿造出一个"无齿之徒"，让听众产生悬疑，以此引发听众的好奇心，从而达到吸引听众的注意力的目的。等到听众感到困惑，注意力集中到他的演讲上来之后，他便从容解说他说的"无齿之徒"的内涵。由此从自己的假牙因有年头而显得如真牙一样，自然引渡到他要推广宣传的古建筑维修应该"整旧如旧"的维修原则与理念。当然，这种古建筑维修原则无论何时来看都是正确的，但是这个原则所包含的道理对于非古建筑专家的广大听众未必能够理解得了。因此，要宣传推广自己的这一理念与原则，就必须要说得新颖生动，易于被人接受，才能达到自己演讲的目标。事实上，梁思成做到了这一点，他巧妙地独创了"仿拟悬疑"的演讲起首技巧，先仿拟造词，引起听众疑惑，再以装假牙来比古建筑维修，步步深入，引人入胜，表达新颖独到，且别具生动形象、幽默风趣的韵味，真是令人感佩得五体投地！

---

① 参见《辞海》（1989 年缩印本），上海：上海辞书出版社 1990 年版，第 1478 页。

四、易色换义：郁达夫"真我的丰采"

有一次，浙江省图书馆请郁达夫讲演，人们闻讯蜂拥而至，不少人都想看看这位儒雅风流、有几分狂气和傲气的名士。

郁达夫剪着平头、穿着蓝布罩衫出现在台上。他扫了一眼挤满台下的男女听众，平静地说："今天诸位恐怕有许多是要来'瞻仰'我的'丰采'的。可是你们见了我这'尊容'，就不免大大失望了。"

台下笑声一片。（段名贵《名人的幽默》）

这则故事的主人公郁达夫（1896—1945），想必大家也不会陌生。他是中国现代文学史上著名的小说家，同时也是散文家和诗人。青年时代留学日本。1921年出版小说集《沉沦》，并与郭沫若等发起组织创造社。后回国从事新文学创作，主编《创造季刊》等文学刊物。还先后在北京大学、武昌大学、中山大学等校任教。1928年与鲁迅合编《奔流》杂志，致力于外国文学的翻译介绍。1930年参加左翼作家联盟。抗日战争期间在新加坡主编《星洲日报·文艺副刊》，积极从事抗日宣传工作。1945年8月29日被日本宪兵杀害。[1]

因为郁达夫是名人，所以浙江省图书馆请他演讲，听众竟然那么疯狂，这也是可以理解的。这一方面是因为他在中国现代文坛确实具有很大的声名，谁不崇拜文学名家？再说他还是当时文坛上颇有性格的名士，听众那么踊跃，自在意料之中。另一方面可能也与乡谊之情有关。郁达夫是浙江富阳县人，哪个地方的人没有因本地出了名人而自豪的心理？所以大凡是本地名人的演讲，本地听众踊跃，可能都有这种心理在起作用。另外，听众踊跃听名人演讲的原

① 参见《辞海》（1989年缩印本），上海：上海辞书出版社1990年版，第512页。

因，还有一层恐怕也不能回避，那就是要一睹名人的风采，不都是真对他的演讲内容感兴趣。郁达夫真是个明白人，所以他一上台就作了上述开场白，说得听众"笑声一片"。

那么，郁达夫何以能说得听众"笑声一片"呢？这是因为他运用了一个很巧妙的演讲起首技巧"易色换义"。我们都知道，汉语"瞻仰"一词，是"恭敬地看"的意思，常与"遗容"等配合使用，含有庄重严肃的色彩。"丰采"是指"人有较好的仪表举止"，如"风采动人"之类。按语词使用的常规，"瞻仰"应用于"死人"，"丰采"应用于夸称别人，而演讲者郁达夫却拿这两个词搭配在一起，称说自己，这就大大出乎听众的意料，是对语言的一种反常运用，突破了听众的心理预期，因而就令人不禁大笑。郁达夫虽然长相并不动人，但他却以自己并不动人的长相说事，结果说出了如此动人的妙语。一开场就征服了听众，浙江老乡们能不佩服他吗？

五、别出一解：陶行知原是"种田汉"

1929 年 1 月，上海南国社社长田汉率领剧团到南京举行公演时，应邀到晓庄师范学校演出。这所学校是由著名教育家陶行知先生创办的，面向乡村，人才辈出，驰名中外。晓庄师生和附近农友为剧团的到来举行盛大的欢迎会。

陶行知校长在会上致欢迎词说："今天，我是以'田汉'的资格欢迎田汉。晓庄是为农友而办的学校，农友是晓庄师生的朋友，我们的教育是为种田汉而办的教育。所以我是以一个'种田汉'代表的资格，在这儿欢迎田汉……"

田汉致答词说："陶先生说，他是以'田汉'的资格欢迎田汉，实不敢当！我是一个假'田汉'，陶先生是个真'田汉'。我这个假'田汉'，能够受到陶先生这个真'田汉'以及在座的许多真'田汉'的欢迎，实在感到荣幸！我一定要向真'田汉'学习，让革命的艺术同'田

汉'大众携起手来！"（段名贵《名人的幽默》）

　　这则故事中所提到的陶行知（1891—1946），乃安徽歙县人，是中国现代著名的教育家。1914 年毕业于金陵大学，后留学美国，专门研究教育。回国后任南京高等师范学校教授、教务主任，东南大学教育科主任。1922 年任中华教育改进社总干事，推动平民教育运动，重视乡村教育。1926 年起草发表《中华教育改进社改造全国乡村教育宣言》。1927 年创办试验乡村师范学校，即南京晓庄师范学校，面向农民，以农民为师，以农民为友，积极培养为农村服务的人才。[①] 因为他的晓庄师范学校创办得有名，所以著名戏剧家田汉率剧团到南京公演时才特意应邀到晓庄师范学校为师生公演。田汉这样的大戏剧家亲自率团来乡野之处为晓庄师生演出，作为晓庄师范学校的校长，陶行知自然要在开演前作欢迎田汉的演讲。

　　那么，怎么演讲呢？素有演讲天才的陶行知，不仅在他的学生们面前露了一手，也让大戏剧家田汉见识了一回。他见人起意，就地取材，竟然以田汉的名字说事，作了一个出人意料的绝妙演讲开场白："今天，我是以'田汉'的资格欢迎田汉。晓庄是为农友而办的学校，农友是晓庄师生的朋友，我们的教育是为种田汉而办的教育。所以我是以一个'种田汉'代表的资格，在这儿欢迎田汉……"他竟然在田汉面前说自己是"田汉"，一开口就让人"听不懂"。其实，他这叫人"听不懂"的话正是他演讲起首的技巧。他是在运用一种"别解"的表达策略，对人名"田汉"作出一种新的解说，在以农为友的晓庄师范学校这一特定情境与演讲语境下临时赋予"田汉"以"种田汉"的意义。在听众感到不解和困惑时，他话锋一转，自然引渡到他对乡村教育宗旨的布达和对自己教育理念的推广。然后，再回到欢迎词的主题上："所以我是以一个'种田汉'代表的资格，在这儿欢迎田汉。"表意方式新颖，别有一种峰回路转、意趣横生的韵致。陶行知能够推广自己的教育理念，成

_____

[①]　参见《辞海》（1989 年缩印本），上海：上海辞书出版社 1990 年版，第 502 页。

为中国现代著名的教育家，实际是与他的善于演讲分不开的。由此例，便可见一斑。

六、引类搭挂：钱钟书"不懂号码锁"

到日本来讲学，是很大胆的举动，就算一个中国学者来讲他的本国学问，他虽然不必通身是胆，也得有斗大的胆。理由很明白简单。日本对中国文化各方面的卓越研究，是世界公认的；通晓日语的中国学者也满心钦佩和虚心采用你们的成果，深知道要讲一些值得向各位请教的新鲜东西，实在不是轻易的事。我是日语的文盲，面对着贵国"汉学"或"支那学"的丰富宝库，就像一个既不懂号码锁、又没有开撬工具的穷光棍，瞧着大保险箱，只好眼睁睁地发愣。但是，盲目无知往往是勇气的源泉。意大利有一句嘲笑人的惯语，说："他发明了雨伞（ha inventato l'ombrello）。"

据说有那么一个穷乡僻壤的土包子，一天在路上走，忽然下起小雨来了，他凑巧拿着一根棒和一方布，人急智生，把棒撑了布，遮住头顶，居然到家没有湿得像落汤鸡。他自我欣赏之余，也觉得对人类作出了贡献，应该公诸于世。他风闻城里有一个"发明品专利局"，就兴冲冲拿棍连布，赶进城去，到那局里报告和表演他的新发明。局里的职员听他说明来意，哈哈大笑，拿出一把雨伞来，让他看个仔细。我今天就仿佛那个上注册局的乡下佬，孤陋寡闻，没见识过雨伞。不过，在找不到屋檐下去借躲雨点的时候，棒撑着布也不失自力应急的一种有效办法。

尼采曾把母鸡下蛋的啼叫和诗人的歌唱相提并论，说都是"痛苦使然"。这个家常而生动的比拟也恰恰符合中国文艺传统里一个流行的意见：苦痛比快乐更能产生诗歌，好诗主要是不愉快、烦恼或"穷愁"的表现和发泄。

　　这个意见在中国古代不但是诗文理论里的常谈，而且成为写作实践里的套板。因此，我们惯见熟闻，习而相忘，没有把它当作中国文评里的一个重要概念而提示出来。我下面也只以一些最平常的例来说明。　　（钱钟书《诗可以怨》）①

　　这是钱钟书1980年11月20日在日本早稻田大学文学教授座谈会上即席所作的一次学术演讲的起首，让人一听便觉得既透着学问，又透着幽默，给人的印象非常深刻。

　　我们都知道，钱钟书先生是最善于比喻的，他的比喻往往能够突破常人的意料，比得令人想象不到，却又令人拍案叫绝。在这篇学术演讲的开头，钱钟书运用了"引类搭挂"的策略，连用了三个比喻，第一个比喻说自己不懂日语，看不懂日本学者研究"汉学"的卓越研究成果，就像"一个既不懂号码锁、又没有开撬工具的穷光棍，瞧着大保险箱，只好眼睁睁地发愣"。不仅生动形象，而且幽默风趣，给严肃的学术演讲带来一种特有的轻松愉悦的气息。这样，既在幽默生动的表达中展示了一位中国大学问家谦虚低调的谦谦君子风范，以人格的力量使学养很好、也很自负的日本汉学家们倾倒，又透过这种生动幽默的语言所营造的轻松气氛凸显出中国学术泰斗谈学问举重若轻的优雅风度，让日本汉学家们无限地感佩。

　　我们都知道（最起码我是有体会的，日本的汉学重镇如早稻田大学、京都大学，我都亲自访问过，对这些汉学家的功底之厚也是知之甚切的），日本汉学家研究中国学问的水平之高，不仅举世公认，而且就是真正了解情况的中国学者也不得不承认并感佩。因此，演讲者钱钟书先生在早稻田大学演讲，作这样的比喻对他自己来说是谦虚，而对于我们多数中国学者来说还是恰切的。接着，钱钟书又来了第二个比喻，把自己"盲目无知而有胆量在早稻田大学

---

　　① 转引自刘玉凯：《钱钟书的演讲风格及开场艺术》，《演讲与口才》1997年第2期，第36—37页。

汉学教授们面前讲演学问"比作是意大利那个无知而自以为发明了
"伞"的乡下人，既显得谦虚，又透着学贯中西的大学问，叫日本
学者更是既感到被恭维后的舒坦，又别生一种"小巫见大巫"的相
形见绌的窘迫感、惭愧感。最后，通过第三个比喻来入题：母鸡下
蛋的啼叫和诗人的歌唱相同，都是"痛苦使然"。这是引德国大哲
学家尼采的比喻来说明，既新颖生动，又有说服力，从而自然而然
地切入到要演讲的学术话题上。

对于"引类搭挂"技巧的运用，大演讲家胡适更是在行了，而
且也似乎特别喜欢。下面我们不妨看看：

> 诸位！近四十年来，在事实上，中国的文学多半偏于
考据，对于新文学殊少研究，以我专从事研究学术与思想
的人去讲文学，颇觉不当，但"既来之，则安之"，所以
也不得不说几句话。我觉得文学有三方面：一是历史的，
二是创造的，三是鉴赏的。历史的研究固然重要，但创造
方面更是要紧，而鉴赏与批评也是不可偏废的。马幼渔先
生在中国文学系设文学讲演一科，可谓开历来的新纪元，
如有天才的人，再加以指导、批评，则其天才当有更大的
进展。马先生本来是约我和徐志摩先生作第一次讲演的，
不幸得很，志摩死了，只好我来作第一次讲演，以后当讲
一讲徐先生的作品，今天讲的题目是："中国文学过去与
来路。"这好像是店家看看账一样，究竟是货物的来路如
何，再去结算一下总账。过去大约有四条路——来路也就
是来源。(胡适《中国文学过去与来路》)

这是胡适 1931 年 12 月 30 日在北京大学国文系的一次演讲，由
翟永坤笔记，原载于 1932 年 1 月 5 日天津《大公报》。上面一段是
这次演讲的开头一段，其中就运用了"引类搭挂"的比喻策略，把
回顾中国文学的历史来源比作是"店家先看看账，究竟是货物的来
路如何"，把展望中国文学的未来之路比作是"再去结算一下总

账"。比喻新颖、形象，给人以无比的遐想，引发起听众的兴趣。然后，他便从容讲起了中国文学过去的四条来路："第一，来源于实际的需要"；"第二，来源于民间"；"第三，来源于国家所规定的考试"；"第四，来源于外国文学"。并总结了新文学的两条来路："一、就是民间文学"；"二、除印度外，即为欧洲文学"。

再看胡适另一例：

> 此番美国大教育家杜威博士到中国来，江苏省教育会请他明天后天到这儿来演说，又因为我是他的学生，所以叫我今天晚上先来演讲。方才主席说我是杜威博士的高足弟子，其实我虽是他的弟子，那"高足"二字可也不敢当，不过今天先要在诸君面前把杜威博士的一派学说，稍稍演述一番，替他先开辟出一条道儿，再加些洒扫的功夫，使得明天诸君听杜威博士的学说有些头绪，那也是做弟子的应尽的职分。（胡适《谈谈实验主义》）

这是胡适 1919 年 5 月 2 日在上海所作的一次演讲（原载于 1919 年 5 月《新教育》第 1 卷第 3 期）的开头一段。

演讲词中所提到的杜威，就是美国的著名哲学家、社会学家、教育学家、实用主义芝加哥学派和实用主义美学的创始人约翰·杜威（John Dewey, 1859—1952）。杜威是美国约翰·霍普金斯大学哲学博士，曾任芝加哥大学、哥伦比亚大学教授，美国心理学会、美国哲学学会、美国大学教授联合会会长。1919—1921 年间来中国讲学。"自称其哲学是经验自然论和工具主义。把自然（客观世界）归结为经验，并宣称经验就是人和人所创造的环境的'交涉'，一切科学理论只是人们整理经验、适应环境的手段或工具。认为教育即生活，学校即社会，应让儿童'从做中学'。1934 年写成《艺术即经验》一书，开创了当代美学中的实用主义流派。"[1] 所著有《学

---

① 《辞海》（1989 年缩印本），上海：上海辞书出版社 1990 年版，第 1412 页。

校与社会》、《民主主义与教育》、《哲学的改造》、《经验和自然》、《逻辑：探究的理论》等多种。胡适于 1915 年 9 月入哥伦比亚大学学习，师从杜威研究哲学，1917 年 5 月完成博士论文《中国古代哲学之进化史》，但杜威不懂汉学，竟然就没有让胡适口试，结果没给胡适学位。胡适 6 月离美，7 月抵上海，因早先在美国就与陈独秀讨论"文学革命"理论而声名远扬，9 月到北京后即任北京大学教授。后来，胡适的声名越来越大，时隔十多年，杜威觉得当初自己太武断离谱，竟然没看懂胡适的论文就打发了胡适，有些后悔。于是，在 1927 年 2 月补授了胡适哲学博士学位。

杜威的声名虽然很大，但他的教育思想在当时的中国其实是没有多少人了解的。正因为如此，江苏教育会在拟请杜威作演讲之前，就请杜威的学生胡适先行演讲一次，帮助大家梳理一下杜威的教育思想，以便于听杜威演讲时思路能够清楚些，从而真正把握杜威教育思想的真谛。胡适对老师杜威的思想当然了如指掌，但是他在演讲时却很谦虚，作了上述一个开场白，说自己此番的演讲是"替他先开辟出一条道儿，再加些洒扫的功夫"。运用"引类搭挂"的比喻策略来作起首既形象生动，又表达了自己对老师的恭敬态度，还体现了自己谦虚低调的为人作风，一开始就以生动幽默的语言魅力和谦谦君子的人格魅力征服了听众。

七、造事入话：老舍"你还是杀了我吧"

有个剧团演了一出自己编排的戏，政治意义很强，艺术水平一般，可某些官方人士却捧得极高。在一次会上，剧作者非要请老舍先生公开发表点意见。老舍说："我这人是写小说的，说笑话行，不会提意见。我给大家说个笑话吧！"

他说有个唱花脸的演员，因为戏唱得太糟，一上台观众就喊倒好，剧团只好解雇他。可是他自己却没唱够，便提出条件说：叫我走可以，把行头跟李逵的斧子让我带走，我回家自己唱去。从此他天天在家里唱。唱了没几天，派出所警察来找他了，警察说："你的街坊邻居来派出所告状，说你这戏唱得四邻不安，你停了吧。"这个人只能穿上行头，拿了斧子到城外山沟里去唱。在这里唱是没人管了，可也没人听。这多少有点扫兴。这天他正唱着，从山上来个打柴的，背着柴禾正迎面朝他走来。唱戏的说："要想死，你就往前走。要想活下来就坐下听我唱戏。"打柴的说："这好办，我还正爱听戏。您就唱吧。"这下他高兴了，连唱带做，非常得意。谁知他正唱到得意处，打柴的哭着叫道："先生，我看您还是杀了我吧！"

说到这儿，全场一片笑声。等大家笑完了，老舍补充了一句："作品好不好，群众自有公平评价。"①

这个故事中所提到的老舍，就是大家都熟悉的非常有见地的大文学家，也是一位很正直的艺术家。他对艺术的真谛自然有自己的主见，因此，当那位写了一个政治意义强而艺术上并不成熟的剧本就自鸣得意的剧作者在座谈会上要他公开发表对自己剧本的意见时，老舍并没有像一些世故圆滑的文学家那样，违心地去奉承他几句；更没有像那年代流行的"风派"文学家那样，昧着良心，紧跟政治形势，把一些没有什么艺术价值而只是简单化地"图解政治"的庸俗之作捧上了天，以达到自己的政治目的或个人的目标。当然，老舍也没有那么"傻"，直话直话，把那位剧作者和作品痛批一顿。那样是不妥的，也是与政治形势不协调的。所以，他就在即席讲话（即演讲）中运用了一种"造事入话"的起首策略，先编了现实生活中不可能有的故事：一个唱花脸的演员戏唱得太糟被剧团解雇后，回家还要孤芳自赏地唱个没完没了，结果闹得四邻不安，只有请警察来打发他进深山没人处去唱，最后他抓住一个打柴的强迫人家听他唱戏，以致打柴的听了宁愿被他杀了也不愿再听下去了。

---

① 转引自邓友梅：《老舍讲笑话》，《演讲与口才》2000年第1期，第25页。

　　演讲者老舍讲这个故事的目的当然不是为了讲笑话，而是要通过这个故事作引子，自然引渡到他想说的点题话语上："作品好不好，群众自有公平评价。"言下之意就很明白了，即婉转地告诉了那位强迫他发表评论意见的剧作者："如果你的剧本确实写得好，群众自然喜欢，不必有人出来捧场说好话；如果不好，就像那唱花脸的演员一样，听众宁愿被杀了也不愿听，那么你勉强让我发表意见有什么用呢？"真不愧为语言大师，虽然表意婉转，却绵里藏针，表现了一个正直的艺术家刚正不阿的高尚人格。

　　老舍运用"造事入话"的技巧当然能妙不可言，下面我们看看一个大学生运用这种演讲起首技巧效果如何：

　　　　亲爱的代表们，演讲进行到现在，你们都辛苦了，为暂时轻松一下，我先为各位讲个笑话：有个地理老师正在讲非洲一章知识，老师在台上唾飞沫溅、手舞足蹈，下面的学生却是走神千里，昏昏欲睡……这时，地理老师勃然大怒，拍桌子训道："你们不抬头看看，怎么知道非洲猪长什么样呢！"同学们，你们不抬头看看，怎么知道你们未来的学生会主席长什么样呢？①

　　这是一则有关校园里竞选的故事。这位参加学生会主席竞选的学生由于演讲排序比较靠后，以致轮到他演讲时，听众早就注意力分散了。如果不能重新唤起听众已经涣散的注意力，让他们倾听自己的演讲，那么他要想竞选成功就很难了。因为听众连你的演讲内容都未听进去，他们怎么会觉得你特别好而投你的票、选你当学生会主席呢？因此，要想取得好的演讲效果，当务之急是唤起听众的注意。于是，他便运用"造事入话"的策略，先编造一个地理老师手舞足蹈讲非洲猪的知识而学生仍然昏昏欲睡听不进去的故事，然

----

　　① 转引自李增源：《竞职演讲要善于把握好五大关系》，《演讲与口才》2000 年第 6 期，第 29 页。

后借地理老师勃然大怒的怒斥语"你们不抬头看看，怎么知道非洲猪长什么样呢"一句，自然引渡到自己想说的关键语上："同学们，你们不抬头看看，怎么知道你们未来的学生会主席长什么样呢？"在自我解嘲中引发听众哑然一笑，从而巧妙地把听众业已涣散的注意力重新唤起，使他们能提起精神，集中注意力听完自己的演讲内容。这个学生最后到底当选没有，我们不知道，但我们可以说这个学生的演讲是成功的，即以他"造事入话"的起首，就可以推测出他的演讲必定是成功的。

八、设歧造势：美妇上场"脱裙子"

有一个年轻貌美的女士在一次演讲中第一句就说道："昨天我险些脱掉裙子。"此言一出，在场的听众人人大吃一惊，急欲知道这是怎么一回事。她接着说道："当我昨天在厨房做事时，我那念小学三年级和一年级的两个儿子在隔壁房间吵了起来，他们两兄弟似乎吵得很凶，口出恶言。首先小弟说：'你这个大笨蛋，妈妈的肚脐是凹进去的。'接着老大也不甘示弱地反驳说：'妈妈才不是凹肚脐呢，她的肚脐像一小截肠子似的凸出来。'小弟说：'你胡说，才不是呢！'我看情形不对了，赶快跑出来排解说：'你们两个给我安静下来，我让你们看看妈妈的肚脐是凹的还是凸的。'于是我作势要脱下裙子的模样。'啊，妈妈羞羞羞。'他们两个小鬼看后马上拿小手指划着小脸蛋羞我，我们三个人都笑了出来。"[1]

这是一个关于亲子关系的演讲。作演讲的那位美貌的妇女为什么一上场就在大庭广众说出"昨天我险些脱掉裙子"一句，让人匪

---

[1] 转引自陈尚荣：《演讲者：张嘴就要"抓"住听众》，《演讲与口才》2002 年第 3 期，第 31 页。

夷所思。我们都知道，女人是不能随便脱掉裙子的，她为什么"险些脱掉裙子"呢？这是广大听众都急切想知道的，因为人都有好奇心。

这位美妇的过人之处正在于此。她开首就说出这句令人疑窦丛生而又兴味盎然的话，目的就在于让听众产生疑问，引起好奇。她这是在运用"设歧造势"的表达策略，以"昨天我险些脱掉裙子"一句来引发听众思路走入"歧途"，作种种联想想象，然后再从容道出真实原委，最终使听众心里所作的联想想象与演讲者自己给出的答案产生极大的反差，这就使听众的预期落空，在其心里产生了极大的心理落差，从而为之会心地一笑。由此，演讲者的目标就达到了：先抓住听众的注意力，使他们在好奇心的驱使下能够集中注意听完自己所讲的内容，从而成功地向听众布达了自己对教育孩子的一种理念。如果不采取这种"设歧造势"的演讲起首技巧，她的演讲内容就不可能吸引听众听下去，那么她要达到的推广自己教育孩子的理念也就不可能为人所了解和接受了。

"设歧造势"的演讲起首技巧，由于能在第一时间迅速抓住听众的注意力，激发听众听讲的兴趣，所以它具有的独特效果也就显而易见了，很多演讲者都知道自觉地运用这种技巧来为自己的演讲作起首：

这次党员大会选举，我再次当选支部书记，得了"180%"选票。

不要笑，这里头80%是大家投的票，还有100%是我自己投的票。这两个百分比中，80%的选票，最少可以说明三点：一是大家对我任上一届支部书记不够满意；二是有部分党员同志对我能再当好支部书记持有怀疑；三是多数党员同志没有把我看死，对我还有信心和希望。我投了自己的票，大家可以看得出我还想当这个"官"。不怕笑话，我是基于三方面考虑，一是因为我是党员，带领群众改变管区贫穷面貌我有义不容辞的责任，不能因为有困难而退却；二是我……决心在这一届任期内"将功补过"；三是因为有了上一届的实践锻炼，我积累了一些经验，比较有把握在这一届干好。①

这是一位农村基层干部在民主投票选举中当选支部书记后的演讲。他演讲一开始便说了一句令听众莫名其妙的话："这次党员大会选举，我再次当选支部书记，得了180%选票。"结果引发大家一阵大笑。为什么大笑？很明显，谁都知道，选举中得到全票也只是100%，怎么会得180%的票呢？如果真有这种选举结果，那么毫无疑问这次选举是有舞弊行为了，选举结果就是不合法的。正是基于这种人所共知的常识，所以听众听了要笑。而这一笑，正中了这位当选书记的下怀，这正是他所追求的演讲效果。说明大家都注意到他说的话了，是在认真听他的演讲。也就是说，他的第一句话就抓住了听众的心，集中了大家的注意力。这样，他便得以从容地向听众说明他为什么是得了180%的票，由此全面地阐述了自己对这次党员选举大会结果的认识，并表达了自己如何开展好工作的决心，使广大党员同志对自己当选之后的现实心理有了更深切的体认，从而打心眼里感到他们所选出的书记诚实、有责任感，一定不会辜负大家的期望。如果这位书记不采用"设歧造势"的演讲起首技巧，实话直说，那么听众未必能听进他的话，要获得好的演讲效果也就无从谈起了。

正因为"设歧造势"的演讲起首技巧有明显的先声夺人、迅速抓住听众注意力的奇特效果，所以被人广泛运用也就是自然而然的了。下面我们来看看一位军队基层干部对这一演讲技巧的运用：

各位战友：

我一到这里，就收到了大家送来的不少"礼品"，（惊

---

① 转引自秦豪、郭敏：《就职演讲要善于借题发挥》，《演讲与口才》2000年第11期，第23页。

讶、疑惑）而且现在，准确地说，在我说话的时刻，很多同志，几乎百分之百的同志，还在源源不断地送来。

大家不要纳闷：我没送什么给你呀。其实，大家确实送了，只不过没有在意，或者说不知不觉罢了。这"礼品"就是目光。（笑）

目光？是的。我发现，大家向我投来了各种各样的目光：有信任的，有期待的，有疑惑的，也有无所谓的……我觉得，大家的这些目光，就像为我这个指导员走马上任而准备的一堆礼品：有玫瑰，有玉兰，也有仙人掌，也有霸王鞭……（大笑）不管什么样的目光，不管是什么人送怎样的"礼品"，我都愿意收下，我都收下了！（热烈鼓掌）并且，我还应说上一句：谢谢大家！（再次鼓掌)①

这是一位部队连队指导员的就职演讲。我们都知道，军队是相对廉洁的地方，较少有什么请客送礼的事情发生。而这位刚来就职的指导员一上场演讲的第一句就说："我一到这里，就收到了大家送来的不少'礼品'"，一下子使听讲的官兵们产生了惊讶、疑惑，心里在打鼓了，心想：这是哪些人在给指导员送礼呢？送礼的目的是什么呢？正在大家惊讶、疑惑难解之际，演讲的指导员又补了一句："而且现在，准确地说，在我说话的时刻，很多同志，几乎是百分之百的同志，还在源源不断地送来。"这话说得大家更不懂了。那么，这位指导员为什么要说这些让官兵听不懂的话呢？原来他这是"设歧造势"，吸引大家听讲的注意力。等到他确信大家都集中全部心力在听他的演讲后，便从容道出答案："这'礼品'就是目光。"说得多新鲜呀！出乎大家意料，却又比喻得十分贴切而机趣横生。一下子就让听众兴趣盎然，增加了对他演讲内容的兴趣。由此，他便得以从容作进一步的就职内容演讲。结果可想而知，效果

---

① 《但愿我不会让大家失望——一位指导员的就职演讲》，《演讲与口才》1992 年第 5 期，第 41 页。

一定是很好的。由这段起首的话语所获得的听众多次掌声、笑声便可推知。

九、设问引思：蔡畅"一个女人能干什么"

今天讲一个问题，就是一个女人能干什么？

一个女人能干什么呢？我的回答是："能干，什么也能干，不干，什么也不能干，能干又不能干，不能干又能干。"为什么这样说呢？要确定女人能干不能干，有两方面的条件。首先要看看环境，就是要看处在一个什么政权下，什么社会制度下，这是一方面；另一方面，也要看个人努力怎样。如果环境好，自己不去努力，只靠人家解放，那就什么也不能干。但如果自己经常努力干下去，就可以得到好的结果。如果努力干，就是从些小的具体的工作到管理国家大事都能干；如果不干，就又会变成新社会的寄生虫。（蔡畅《一个女人能干什么》）

这是蔡畅在 1947 年 8 月 30 日所作的一次演讲的开头一段。蔡畅是中国现代著名的女革命家和妇女运动活动家。由她的身份地位来讲"一个女人能干什么"的题目，自然是最恰切，也是最有说服力的。众所周知，自从封建社会以来，妇女的地位一直是处于从属于男权社会的附庸。正如演讲者在后文所讲到的那样："男女的智力，本来没有大的差异，我们从历史的发展上来看看便知。原始共产社会，有所谓母权时代，那时妇女能生产，执掌家政，很多事情都是妇女来管，甚至男人打回来的野兽，也要妇女来负责分配。但一到封建社会，由于私有财产的产生，出现了阶级，强悍的封建主，夺去了别人的土地，让农民给他耕种，于是就有了剥削与被剥削，统治与被统治之分，就有了贫富的悬殊，随之也就有了男女的悬殊，男人掌握了家政，做主人，女子降为从属的地位。那时候，当了主人的男人创造了'宿命论'来统治被剥削者，麻醉他们从思想上不要求翻身。对占人数半数的女人呢，更制造许多封建道德，如什么'女子无才便是德'、'三从四德'等论调来剥夺女人发展能力的机会，使女人从广阔的社会活动渐渐退到狭窄的小天地——家庭里去。"正是基于对社会上对妇女不公平待遇的义愤，所以演讲者蔡畅特意向妇女同胞们作了这篇演讲，向她们讲明妇女首先自己要有翻身求解放的意识，要自己振作，自强自立，积极求上进。为了表达这一演讲主旨，为了使听讲的广大妇女同胞对自己所布达的理念思想有深刻的认识，清醒地意识到自己所传达的思想主张的重要性，演讲者运用了演讲中最为有效也是最为平常的起首技巧：设问引思。用"一个女人能干什么呢"的设问句起首，凌空起势，突兀开篇，以一种先声夺人的气势引发听众的注意，唤起听众的思索，促使其对这一问题的反省深思。等到听众被这一劈头而来的设问句吸引而将注意力集中于她的演讲上来时，她便从容自道这一问题的答案："能干，什么也能干，不干，什么也不能干，能干又不能干，不能干又能干。"然后再进一步设问："为什么这样说呢？"然后再从容道出其中的理由，层层深入，步步推进，把自己所要阐明的道理讲明讲透，使广大听讲的妇女同胞精神上和心灵上都受到了巨大的震撼，从而从心底激发起要自强自立的愿望。再加上演讲者又举了"解放区里有女专员，女县长，女政委，女主任，女区长，女村长，女经理，女编辑等"，还有"洮安的张寡妇，瓦房的杨老太太，北安的吴大嫂，和东北各地成千上万的翻身妇女"的事例佐证，使演讲者所要阐明的道理更具说服力和鼓动性。如果演讲者不以"设问引思"的起首演讲技巧，而以直陈句的肯定句式开头，就不能首先在听众心里激起波澜，也不易引发听众对演讲的注意力的集中。那么，演讲内容再精彩，道理讲得再好，听讲效果不好，演讲也是失败的。

　　"设问引思"的演讲起首技巧，不仅中国人会使用，世界各国有经验的演讲者都懂得其独特效果，都很重视这种技巧在演讲起首的运用。下面我们看看美国前总统比尔·克林顿是如何运用这一技巧的：

当时的竞选演说大会，是在俄亥俄州立大学操场上举行的。听众刚刚汇聚起来，就形成了布什总统支持者与克林顿支持者两大群体。他们分别举着"布什，奎尔"、"克林顿，高尔"的红、蓝、白三色广告牌，各自有节奏地呼喊，都想在声势上压倒对方。而身穿火红制服的乐队则整齐地排列在演讲台前，不受干扰地吹着欢快的乐曲。会场里虽然热闹，但大致是势均力敌。

下午四时整，随着庄重的乐曲，克林顿身着考究的蓝黑色西服出现在讲台上。顿时，举着"克林顿，高尔"广告牌的人群欢呼起来，兴奋的口哨声格外嘹亮。而会场的另一端则显得平静，"布什，奎尔"广告牌下投来的目光，半是冷笑，半是木然。

"乔治·布什在哪里？"

克林顿风度潇洒地在询问中开了场。

"上星期的今天，我到了密歇根州，本来说好了在那里举行辩论，可是那里没有布什。他正在周游全国，并到我的阿肯色州去批评我。然而我不知道在什么地方能够回答他。""今天"，克林顿停了停，炯炯的目光扫视全场，"今天，本商定在路易斯维尔再度举行辩论，我提前到了那里，而布什却又在田纳西。"

人群"哄"的一声笑了起来，原来，布什已有两次失约。此时，克林顿的支持者们交头接耳，气氛十分活跃，而布什的支持者们虽有些气恼，但脸上却带着不自然的笑容。①

这是中国旅美学者江春所述的自己20世纪90年代在美国俄亥

---

① ［美］江春：《克林顿竞选演说策略及艺术探微》，《演讲与口才》1993年第11期，第20页。

俄州立大学做博士后研究时亲历的克林顿总统竞选演讲的故事。克林顿在俄亥俄州立大学演讲时，明明知道竞争对手老布什今天没有到场，他却劈头一句就问："乔治·布什在哪里？"一下子就搞活了演讲现场的气氛，引起了听众的注意，并激发起听众的思考思索：为什么布什今天没有来？等到听众在考虑这个问题时，克林顿自己道出了其中的原因："上星期的今天，我到了密歇根州，本来说好了在那里举行辩论，可是那里没有布什。他正在周游全国，并到我的阿肯色州去批评我。然而我不知道在什么地方能够回答他。""今天，本商定在路易斯维尔再度举行辩论，我提前到了那里，而布什却又在田纳西。"用陈述事实的方法，揭露了布什言而无信的为人作风，从而从人格上彻底否定了竞争对手布什。这等奇特的演讲效果，全赖演讲起首的"设问引思"技巧运用得当。克林顿在当时那种情况下，以边远小州阿肯色州州长的身份一举战胜在任内结束了冷战、打赢了海湾战争的现任总统老布什，而入主了白宫，靠的就是他那能说会道、口若悬河的嘴巴。

第三章　演讲结尾的技巧

中国有句老话，叫作"做人做事都要有始有终"。如果做事有始无终，中国专门有一个成语批评道："虎头蛇尾"；如果做人有始无终，早年即使做了很多好事甚至是惊天动地的大事业，后来做了坏事或不光彩的事，大家就会引一个成语批评他——"晚节不保"。

做人做事强调有始有终，做文章作演讲也如此。前人关于做文章要重视结尾的名言多得很，大家都是知道的。比方说，元人杨载《诗法家数》有云："诗结尤难，无好结句，可见其人终无成也。"明人谢榛《四溟诗话》论律诗亦有此意："律诗无好结句，谓之虎头鼠尾。"明人王骥德《曲律》论曲有云："尾声以结束一篇之曲，须是愈著精神，末句更得一极俊语收之，方妙。"清人李渔《闲情偶寄·词曲部》论"大收煞"时说："收场一出，即勾魂、摄魄之具，使人看过数日而犹觉声音在耳、情节在目者，全亏此曲撒娇，作临去秋波那一转也。"这些虽然只是就诗、曲等而言，实际上对所有文体的文章都是适用的，即所有文体的文章都应该特别重视结尾。苏联文学理论家爱森斯坦也曾指出："在该结束的地方结束，这是一种伟大的艺术。"（《爱森斯坦论文选集》[①]）作演讲应该重视结尾，虽然没有多少人讲过或强调过，但是其中的道理与做文章是一致的。

前面我们讲过，作演讲应该重视起首技巧是有心理学上的依据的，同时我们也提到过，演讲重视结尾技巧也是有心理学依据的，因为结尾能给听众留下深刻印象。之所以如此，是因为我们前面提

[①]　转引自温溪主编：《艺林妙语》，上海：上海文艺出版社 1995 年 7 月版，第 303 页。

到的"后摄抑制"的作用。正因为结尾能给听众留下特别的印象，因此结尾的好坏就直接关乎演讲的效果了。如果结尾结得有技巧，结得好，那么就会给听众留下回味的余地，让人难忘；如果结得不好，或说很糟糕，那么即使演讲的前面部分很好，也会带累整篇演讲的效果。就如老话所说的"一粒老鼠屎，坏了一缸糟"。因此，有经验的演讲者，往往如同重视演讲起首一样，也是十分重视演讲的结尾，并在结尾上认真琢磨技巧的。可以用一句俗语来说明演讲结尾的意义："马屁股上放鞭炮，最后一击。"如果"最后一击"击得好，就无疑冲刺成功了。

演讲结尾的技巧很多，不一而足，而且好的结尾也没有一定的固定成式，运用之妙，存乎一心。但是，有些基本的演讲结尾技巧还是可以参考运用的。下面我们就根据收集到的演讲材料，作了一些归纳，提供给读者诸君作为一种参考，希望能够对您的演讲起举一反三的作用，从而使您的演讲结束得更精彩！

一、引言收煞：胡适"辩冤白谤为第一天理"

院长，副院长，各位委员：

我是做老百姓的，看到监察院，就想到从前的都察院了。从前都察院的都老爷，什么人对他都尊敬，看到他，都凛凛然畏惧。今天我到这里来，也不免有凛凛然畏惧之感。历史上的都老爷——监察御史，是保障人民权利的。研究历史，我们中国虽然过去没有挂着民主政治的招牌，但是老祖宗给我们留下一点民主政治基础的，一是考试制度，一是监察制度。……

……

最后，我还重复地说一句：为了人民的生命财产与声誉，我们需要"都老爷"负起"辩冤白谤"的责任，给人民以保障。我们的老祖宗吕坤说："辩冤白谤为第一天理"，这一个遗训，希望能够把它做到。这就是我们为了

人民，为了国家，对各位"都老爷"的一个很诚恳的希望。（胡适《辩冤白谤为第一天理——监察院欢迎会上讲词》）

这段文字，是胡适 1952 年 12 月 9 日在台湾"监察院"欢迎会上的演讲词，原载于 1952 年 12 月 10 日《中央日报》上。上面所引，是其开头与结尾的两段。

我们都知道，国民党政权的统治在大陆土崩瓦解之后，蒋介石带领其国民党残余势力逃到台湾，又在台湾实行了独裁统治。胡适号称是中国的"自由主义大师"，自然看不惯这种非民主的独裁统治，所以就起而批评。这篇在"监察院"的演讲，实际上就是针对蒋氏独裁统治的批评，同时要求"监察院"确实负起监督执法的责任，为人民做主，为人民伸张正义。在这篇演讲中，他在前文回顾了中国古代都察院进行监督执法、为民伸张正义的历史传统后，于结尾部分对台湾"监察院"的官员提出了希望，但是他没有自己直言其希望，而是引用了明代著名学者吕坤（1536—1618，万历进士，曾任户部郎中，官至刑部左右侍郎）在《呻吟语》中说过的一句名言"辩冤白谤，为第一天理"，以此来说明"监察院"官员应该负起的神圣职责。那么，演讲者胡适为什么不直言自己的意思，而要借吕坤的嘴来说话呢？这其实是一种演讲结尾的策略技巧。因为借用古人、名人的话来表达更具有权威性，更易于使人信服。因为人人都有崇拜名人、尊重古代贤哲的心理。因此，胡适这里运用"引言收煞"的策略，使自己的意思更具说服力，有一种理夺人心的效果。

胡适似乎特别善于运用这种"引言收煞"的结尾技巧，除了用这种方法说理和增加说服力外，有时还以这种方法来引申发挥自己的意思，给人留下了深刻印象：

我们要谈博爱，一定要换一种观念。古时那种喂蚊割肉的博爱，等于开空头支票，毫无价值。现在的科学才能放大我们的眼光，促进我们的同情心，增加我们助人的能力。我们需要一种以科学为基础的博爱——一种实际的博爱。

孔子说："修己以敬，修己以安人，修己以安百姓。"修己就是把自己弄好。我们应当先把自己弄好，然后帮助别人；独善其身然后能兼善天下。同学们，现在我们读书的时候，不要空谈高唱博爱；但应先努力学习，充实自己，到期我们有充分能力的时候才谈博爱，仍不算迟。

（胡适《大宇宙中谈博爱》）

这是胡适 1956 年 9 月 1 日在中西部留美同学夏令大会上所作演讲的结尾部分，演讲词全文由《路灯》特约记者简新程记录，原载于 1957 年 2 月 1 日香港《灯塔》第 8 期。

上引这段文字是全篇的结尾，胡适同样运用"引言收煞"的技巧，这次引的是孔子的话。但是他这里引孔子的话，不是就事论事，用它来说理，而是用以发挥自己的意思："我们应当先把自己弄好，然后帮助别人；独善其身然后能兼善天下。同学们，现在我们读书的时候，不要空谈高唱博爱；但应先努力学习，充实自己，到期我们有充分能力的时候才谈博爱，仍不算迟。"不仅收尾收得自然，而且结尾处意思有所升华。不愧是演讲名家！

二、引诗作结：印度姑娘的"寸草心"

朋友们，最后我提议，让我们一道重温中国一首古老歌谣，从中再次领悟一番父母对儿女春天般的厚爱：

慈母手中线，游子身上衣。

临行密密缝，意恐迟迟归。

谁言寸草心，报得三春晖。

愿我们都拥有一颗孝心！

愿我们的社会充满爱心！

谢谢大家！①

这是新加坡全国华语演讲比赛决赛中，一位印度籍姑娘的演讲结束语。这个结尾采用的是"引诗作结"的方式，这也是一种演讲结尾的有效技巧。

我们都知道，新加坡很推崇中国传统文化，讲究中国传统的"孝道"，这是一种很好的做法，对促进国家与社会的发展都起到了积极的作用。上面这位印度籍姑娘参加新加坡华语比赛大决赛的演讲题是"宜将寸草报春晖"，讲的是子女应该报答父母的养育之恩，这正是中国传统文化所要阐扬的精神。这位姑娘讲了一通如此这般的道理后，于结尾部分引了一首诗作结："慈母手中线，游子身上衣。临行密密缝，意恐迟迟归。谁言寸草心，报得三春晖。"大家一看便知，这引的是唐代大诗人孟郊歌颂母爱光辉的名诗《游子吟》。这一诗引得极好，它既贴合了演讲的题目，自然升华了演讲的主旨，又因为这诗本身特别大的知名度和为人所熟知的程度，加深了听众对她演讲主旨的印象。因此，这位印度姑娘的演讲结尾，看起来简单，实际上的效果却不简单！

"引诗作结"作为一种演讲结尾的技巧，一般说来，所引的诗都是名诗，且是别人的诗。但是，也有另外一种情况，引的则是演讲者本人的诗。但这种引法，如果演讲者本人不是特殊人物，一般是不会有很好效果的，反倒有惹人厌的反作用。下面我们看看胡适是如何运用这种引法为演讲作结的：

今天给各位工程师讲哲学的人生观，又约略讲一讲我们老祖宗为什么失败；为什么有了这样好的征服天然的理想，穷理致知的哲学，而没有造成科学文化、工业文化。我们可以了解我们老祖宗让西方人赶上去了。同时，从西

———————
① ［印］拉米雅沙尔玛：《宜将寸草报春晖》，《演讲与口才》1995年第1期，第45页。

方人后来实现了我们老祖宗的理想，我们亦就可以知道，只要振作，是可以迎头赶上的。我们只要二十年，三十年的努力，就可以同世界上科学工业发达的国家站在一样的地位。

二十年前，中国科学社要我作一个社歌；后来请赵元任先生作了乐谱。今天我把这个东西送给各位工程师。这个社歌，一共三段十二句：

我们不崇拜自然。他是一个刁钻古怪；
我们要捶他，煮他，要叫他听我们的指派。

我们要他给我们推车；我们要他给我们送信。
我们要揭穿他的秘密，好叫他服事我们人。

我们唱天行有常；我们唱致知穷理。
明知道真理无穷，进一寸有一寸的欢喜。（胡适《工程师的人生观》）

这是胡适1952年12月27日在台南工学院七周年纪念会上所作演讲的结尾部分，演讲词全文原载于1952年12月28日台北《中央日报》。

胡适是有经验的大演讲家，他当然知道，引诗作结自然是引别人的诗为宜，但为什么他没有引别人的诗而引了自己上面这首诗呢？我们看看他演讲的对象和演讲的内容以及所引诗的内容，就知道胡适引自己的诗作结是最恰当不过的了。因为他所引的诗是他二十年前为中国科学社所作的社歌，表达了一种中国人科学救国强国的崇高理想。而他今天所讲的题目是"工程师的人生观"，演讲的对象又是工程师等科学工作者，演讲的场合是台南工学院七周年纪念会上，所以他自己所写的诗句内容最切合此情此景，最有鼓舞士气的效果。不引此诗，中国历史上便没有更合适这一情境的诗了。

所以，我们说胡适这里的"引诗作结"技巧当然是非常成功的。

三、引事说理：胡适"争真理不穿好裤子"

我的话讲完了，现在讲一个故事来作结，易卜生所作的"国民公敌"一剧，写一个医生司铎门发现了本地浴场的水里有传染病菌，他还不敢自信，请一位大学教授代为化验，果然不错。他就想要去改良它。不料浴场董事和一般股东因为改造浴场要耗费资本，拼死反对，他的老大哥与他的老丈人也都多方地以情感利诱，但他总是不可软化。他于万分困难之下设法开了一个公民会议，报告他的发明。会场中的人不但不听他的老实话，还把他赶出场去，裤子撕破，宣告他为国民公敌。他气愤不过，说："出去争真理，不要穿好裤子。"他是真有奋斗精神，能够特立独行的人，于这种逼迫之下还是不肯退缩。他说："世界最有强力的人就是那最孤立的人。"我们要改良社会，就要学这"争真理不穿好裤子"的态度，相信这"最孤立的人是最有强力的人"的名言。（胡适《学生与社会》）

这是胡适 1922 年 2 月 19 日在平民中学所作演讲的结尾部分。演讲全篇由半尘节记，原载于 1922 年 3 月 10 日《共进》半月刊第 11 期。

这篇演讲的主旨在于说明学生作为社会的一分子，应该担任起应有的社会责任，在中国当时的情况下就是要负起改良社会的重任。为了强调这个演讲主旨，演讲者胡适在演讲的结尾引了挪威著名剧作家易卜生（Henrik Johan Ibsen，1828—1926）的著名剧作《国民公敌》中那个为了改良浴场卫生条件的医生司铎门为争真理而被人们视为"国民公敌"，被人赶出会场，且被撕破裤子而仍然不悔的故事，形象生动地说明了改良社会将要遇到的巨大阻力，赞扬了司铎门医生那为争真理勇往直前、义无反顾的精神，以此鼓励青年学生要向这位为争真理"不要穿好裤子"的医生学习，做勇于改良中国社会的先锋。这是运用了"引事说理"的演讲结尾技巧，既形象又有说服力，给听众留下了非常深刻的印象。

胡适运用这种演讲结尾技巧特别娴熟，而且效果也特别好。下面我们再看他另一次演讲的结尾：

杜威的思想可以帮助我们明了中国过去的一些思想，譬如教育方面：朱子的教育方法也有一部分是讲实验主义的。三百年前，中国北方起了一个"颜李学派"（颜元和他的学生李塨）。颜元的思想注重在动——行动、活动。他的斋名叫"习斋"，就是所谓"学而时习之"的意思。他说：学弹琴的，不是拿书本子学的，要天天弹，越弹才越有进步。这和我刚才所讲的"时时刻刻改善你的经验"意义很相近。我国古时关于教育的学说，像这种例子的很多。

最后我要讲两个故事。在北宋时，有一个禅宗和尚，名叫法演；他是与王安石、苏东坡同时代的人物，死于1104年。他讲禅理非常怪，第一个原则就是"不说破"，要你自己去找答案。弟子们若有人对他有质疑的，他不但不答复，还要打你一个嘴巴；假使再要问他，就把你赶出庙去。就好像说你在台湾师范学院不行了，要到广州师范学院、福州师范学院、江西师范学院一个一个地去跑。要你到每座名山自己去寻访、去募化。当时和尚出门不像我们现在可以坐飞机、乘轮船；既不能住旅馆，又不许住在人家里；只有一根打狗的棍子，一个讨饭的碗和一双要换的草鞋。冬天受冷，夏天受热，受尽了风霜雨露，经历苦痛，增加经验。也许到了三年、五年、十年、十五年，甚至二十年。在这个时间中，他或许偶然闻到了什么花香，听到了一声鸟鸣，或者村里人唱的小曲，豁然通了，悟了道。于是他朝老师那个方向叩头，感谢当年不说破的恩，他现在终于找到了。如果师父那时候还在人世，他就一步一步地赶回去，眼里含着眼泪给师父叩头谢恩。自己去找，自己经验丰富的时候，才得到一种觉悟。这种方法也可以说是实验主义。

有一天，这个法演和尚忽然问他的学生们说："你们来学禅，我这里的禅像什么东西呢？我要讲一个故事来解释。"现在就借他讲的这个故事作为我两次讲演的结论。

有一个做贼的人，他是专门靠偷东西混饭吃的。有一天，他的小儿子对他说："爸爸，你年纪大了，你不能去'作工'了。我得养活你。现在请你教我一门行业，教我一种本事。"他爸爸说："好！今天晚上跟我走！"到了晚上，老贼率着小贼走到一个很高大的房子前，在墙上挖了一个大洞，两个人先后钻进去。等到两个人都到了屋子里，一看，见有一个大柜；老贼就用百宝钥匙把柜子打开了，要他的儿子爬进去。等他儿子进去以后，这个老贼就把柜子锁了，向外走去，口里一面喊："捉贼呀！你们家里有贼啊！"他自己就跑回家去了。这一家人被他叫醒，起来一看，东西都没有丢，就是墙上有一个洞，正在感觉到怀疑的时候，柜子里的小贼还在低声说："爸爸，怎么把我锁在柜子里呢？"后来他一想这不是问题，现在的问题是"怎样出去"。同时，他听到前面有人说话，他就学老鼠咬衣服的声音。于是前面太太听见了，就喊丫头赶快拿灯来看看柜子里的东西别被老鼠咬坏了。柜子的门刚一打开，小贼就冲出来，把丫头和蜡烛都推倒了，从墙洞里逃了出去。这家的人就跟在后面追。这个小贼一跑跑到了水池旁边，连忙拾一块大石头丢进水里去。追的人听到扑通一声，以为他跳水了；而他却另外换了一条小路跑回家去。这时候，老贼正在家里一边喝酒，一边等他的儿子。这个小贼就问他的爸爸说："你怎么把我锁在柜子里呢？"

老贼说："你别说这些蠢话——你告诉我怎么出来的。"他儿子就告诉他怎样学老鼠咬衣服，怎样丢石头。老贼听了以后，就对他的儿子说："你已经学到行业了！"（胡适《杜威哲学》）

这是胡适 1952 年 12 月 3 日、8 日在台湾省立师范学院所作演讲的结尾部分。演讲词全文原载于 1952 年 12 月 4 日、9 日台北《中央日报》。

胡适这篇长篇演讲中，除了全面讲解了杜威哲学的主要观点外，还在比较中提出了这样一个观点："杜威的思想可以帮助我们明了中国过去的一些思想，譬如教育方面：朱子的教育方法也有一部分是讲实验主义的。三百年前，中国北方起了一个'颜李学派'（颜元和他的学生李塨）。颜元的思想注重在动——行动、活动。他的斋名叫'习斋'，就是所谓'学而时习之'的意思。他说，学弹琴的，不是拿书本子学的，要天天弹，越弹才越有进步。这和我刚才所讲的'时时刻刻改善你的经验'意义很相近。我国古时关于教育的学说，像这种例子的很多。"为了说明杜威哲学思想特别是杜威注重实践与经验的教育思想与中国的朱子教育方法、"颜李学派"注重"活动、行动"的思想是一致的，从而阐明杜威哲学思想的普遍适用性与正确性，他特意在演讲的结尾部分讲了两个故事：一是北宋时代的法演禅师教育弟子不说破，而要弟子通过自己的实践悟出禅理的故事；二是法演禅师讲给他弟子听的"老贼教小贼"的故事，形象生动地讲明了自己所要讲的道理，不仅易于被听众接受，而且妙趣横生，有利于听众加深印象，反复回味，从而非常有效地布达了自己的思想。

四、铺排壮势：秋瑾的"五个希望"

但是从此以后，我还望我们姐妹们，把从前事情，一概搁开，把以后事情，尽力作去，譬如从前死了，现在又

转世为人了。老的呢，不要说"老而无用"，遇见丈夫好
的要开学堂，不要阻他；儿子好的，要出洋留学，不要阻
他。中年做媳妇的，总不要拖着丈夫的腿，使他气短志
颓，功不成、名不就；生了儿子，就要送他进学堂，女儿
也是如此，千万不要替她缠足。幼年姑娘的呢，若能够进
学堂更好；就不进学堂，在家里也要常看书、习字。有钱
做官的呢，就要劝丈夫开学堂、兴工厂，做那些与百姓有
益的事情。无钱的呢，就要帮助丈夫苦作，不要偷懒吃闲
饭。这就是我的望头了。诸位晓得国是要亡的了，男人自
己也不保，我们还想靠他么？我们自己要不振作，到国亡
的时候，那就迟了。诸位！诸位！须不可以打断我的念头
才好呢！（秋瑾《敬告中国二万万女同胞》）

这是秋瑾 1904 年 10 月所作的一篇演讲的结尾部分，颇具鼓
动性。

秋瑾（1875—1907），别号鉴湖女侠，是中国近代著名的民主
革命家，也是杰出的妇女运动活动家。清光绪三十年（1904）赴日
本留学，积极参加日本留学生的革命活动。1905 年先后参加光复会
和同盟会。1906 年为反对日本颁布《清国留学生取缔规则》而回
国。1907 年在上海发刊《中国女报》，提倡女权，宣传革命。不久
返回家乡绍兴，主持大通学堂，联络金华、兰溪等地会党，组织光
复军，并与徐锡麟分头准备皖浙两省起义。7 月徐锡麟在安庆刺杀
安徽巡抚恩铭，起义失败后，清政府发觉皖浙两省的联系，由此包
围了大通学堂，秋瑾被捕。15 日被杀于绍兴轩亭口。[①]

上引的演讲，乃秋瑾在日本留学时所作。这篇演讲共三段，第
一、二两段是历数中国妇女自古以来所遭受的种种压迫与不公正待
遇，批判了"男尊女卑"、"女子无才便是德"、"夫为妻纲"等束
缚妇女、压迫妇女的种种谬论。第三段即上引段落，鼓励妇女要勇

① 《辞海》（1989 年缩印本），上海：上海辞出版社 1990 年版，第 1964 页。

94

敢地站起来，"把从前事情，一概搁开，把以后事情，尽力做去"，并向广大妇女同胞具体提出了"五个希望"："老的呢，不要说'老而无用'，遇见丈夫好的要开学堂，不要阻他；儿子好的，要出洋留学，不要阻他。中年做媳妇的，总不要拖着丈夫的腿，使他气短志颓，功不成、名不就；生了儿子，就要送他进学堂，女儿也是如此，千万不要替她缠足。幼年姑娘的呢，若能够进学堂更好；就不进学堂，在家里也要常看书、习字。有钱做官的呢，就要劝丈夫开学堂、兴工厂，作那些与百姓有益的事情。无钱的呢，就要帮助丈夫苦作，不要偷懒吃闲饭。"鼓励广大妇女同胞积极地投身到爱国救亡运动中去，为国家尽到妇女们应尽的责任。这"五个希望"以排比的句式在演讲结尾部分异乎寻常地集结，是演讲者有意运用的"铺排壮势"的结尾技巧。它一气呵成、连贯而下，不仅表意充分，感情展露淋漓尽致，而且气势磅礴，具有十分强烈的宣传鼓动性。因此，它既是要求妇女解放的宣言，也是鼓动广大妇女起来参与救亡图存运动的强烈呐喊。

"排比壮势"的结尾技巧，在西方演讲家那里运用得更为广泛和异常娴熟。例如：

朋友们，今天，我要告诉你们，尽管我们面临着今天和明天的困难，我仍然存有一个梦想，这梦想深深扎根于美国之梦。我梦想有朝一日，这个国家会重新崛起，并将按其信条的真正含蕴去生活——"毫无疑问，人生来是平等的，我们坚信这些真理"。

我梦想有一天，乔治亚州的红土地上，奴隶的子孙和奴隶主的子孙会视如手足。

我梦想有一天，甚至在密西西比州——正燃烧着不公正的烈火，燃烧着压迫的烈火——也会转变为自由、公正的绿洲。

我梦想有一天，我的四个孩子生活在这样一个国家里，人们不再按其肤色而是凭着他们的品行相互对待。

我梦想有一天，阿拉巴马的州长、一个刻薄的种族主义者，不再提否决和无效之辞——总有一天，就在阿拉巴马，黑人小男孩和小女孩能同白人的小男孩和小女孩像兄弟姐妹一样携起手来。

我梦想有一天，每一个山谷都将填平，每一座丘陵、高山都将夷为平地，所有的坎坷之地都变成了平原，所有的曲折之处都将平直。上帝的荣光将再次显现，各位都会亲临这一切。

这是我们的愿望，我将带着这愿望回到南方。有了这一愿望，我们就能从绝望的群山中凿出一块希望之石；有了这一愿望，我们就能把喋喋不休的争吵灌制成一曲谐和美妙的交响乐；有了这一愿望，我们就能一起工作，一起娱乐，一起斗争，一起入狱，一起捍卫自由。坚信吧，总有一天我们会自由……①

这是 1963 年 8 月 28 日美国黑人民权运动的领导人马丁·路德·金在林肯纪念堂前所作的一次演讲的结束语。

马丁·路德·金（Martin Luther King, Jr.，1929—1968），生于乔治亚州的一个牧师家庭，受过高等教育，并获得神学博士学位。1954 年起参加全国有色人种促进协会的活动，1955 年，参加了领导蒙哥马利市黑人拒绝乘坐公共汽车的运动，并发起成立了"南方基督教领袖会议"，1957 年被选为南方基督教领袖会议主席。1958 年在南方主要城市组织集会，发动黑人争取公民权利。1963 年组织伯明翰黑人争取自由平等权利的大规模游行，把黑人运动由南方推向北方。1963 年 8 月还曾在华盛顿组织了一次集会，反对种族歧视，要求种族平等。1964 年迫使约翰逊总统签署了民权法案。同年荣获诺贝尔和平奖，被誉为"为世界有色人民树立了一个榜样"。他主张非暴力主义，多次被捕。1968 年 3 月组织"贫民进军"，4 月途

---

① 据《英美著名演说选注》的译文，上海：外语教育与研究出版社 1981 年版。

经田纳西州孟菲斯市时，被种族主义分子枪杀。上引这篇被世人称为"经典之作"的演讲发生在 1963 年 8 月 28 日，十个黑人组织在华盛顿举行 25 万人参加的"自由进军"，示威群众从华盛顿纪念碑出发，分两路游行到林肯纪念堂。在林肯纪念堂前，马丁·路德·金向广大黑人同胞发表了这篇演讲。全篇演讲以美国宪法和《解放宣言》为依据，抨击了种族主义者对黑人施加的种种不平等的待遇，号召广大黑人同胞立即起来投入争取自由的斗争。①

　　这篇演讲最成功并最为人所称道的是它的结尾部分，这是因为它运用"排比壮势"技巧的结果。五个"我梦想有一天……"句子的铺排，一气之下，淋漓尽致地展现了黑人对于争取与白人平等权利的强烈渴望，读之让人感动不已。三个"有了这一愿望……"与五个"一起……"相同句式异乎寻常地集结，犹如洪钟大吕，又如出征的战鼓，让听众听得热血沸腾，斗志昂扬，激励着黑人同胞为自由平等而生命不止，奋斗不息，鼓动性极大。

五、设疑激问：梁启超为听众"解苦闷"

　　诸君啊！你现在怀疑吗？沉闷吗？觉得外边的压迫你不能抵抗吗？我告诉你：你怀疑和沉闷，便是你因不知才会惑；你悲哀痛苦，便是你因不仁才会忧；你觉得你不能抵抗外界的压迫，便是你因不勇才有惧。这都是你的知、情、意未经过修养磨练，所以还未成个人。我盼望你有痛切的自觉啊！有了自觉，自然会自动。那么，学校之外，当然有许多学问，读一卷经，翻一部史，到处都可以发现诸君的良师呀！

　　诸君啊，醒醒罢！养足你的根本智慧，体验出你的人格人生观，保护好你的自由意志。你成人不成人，就看这

---

① 事略综合《辞海》（1989 年缩印本）第 1281 页（上海辞书出版社 1990 年版）与仲金留、魏裕铭编：《名人演讲辞精萃》第 232 页（漓江出版社 1987 年版）的介绍文字。

几年哩！（梁启超《为学与做人》）

这是梁启超 1922 年 12 月在苏州所作的一次演讲的结束语，他一生所作演讲颇多，这次演讲可谓是他晚年演讲的杰作。

在这篇演讲中，梁启超以三问两答开头："问诸君'为什么进学校？'我想人人都会众口一词地答道：'为的是求学问。'再问：'你为什么要求学问？''你想学些什么？'恐怕各人的答案就很不相同，或者竟自答不出来了。诸君啊！我请替你们总答一句罢：'为的是学做人。'"那么如何做人呢？演讲者引孔子"知者不惑，仁者不忧，勇者不惧"的话，加以展开发挥，依次讲了"怎么样才能不惑"，"怎么样才能不忧"，"怎么样才能不惧"三个问题。由此，再引申总结说："诸君啊！你千万不要以为得些断片的知识，就算是有学问呀。我老实不客气告诉你罢：你如果做成一个人，知识自然是越多越好；你如果做不成一个人，知识却是越多越坏。你不信吗？试想想全国人所唾骂的卖国贼某人某人，是有知识的呀，还是没有知识的呢？试想想全国人所痛恨的官僚政客——专门助军阀作恶鱼肉良民的人，是有知识的呀，还是没有知识的呢？诸君须知道啊，这些人当十几年前在学校的时代，意气横历，天真烂漫，何尝不和诸君一样？为什么就会堕落到这样的田地呀？屈原说的：'何昔日之芳草兮，今直为萧艾也！岂其有他故兮，莫好修之害也。'天下最伤心的事，莫过于看着一群好好的青年，一步一步地往坏路上走。诸君猛醒啊！现在你所厌所恨的人，就是你前车之鉴了。"最后，以上引文字结尾。"你现在怀疑吗？沉闷吗？悲哀痛苦吗？觉得外边的压迫你不能抵抗吗？"四个设问句连续而下，然后以三个排比句："你怀疑和沉闷，便是你因不知才会惑；你悲哀痛苦，便是你因不仁才会忧；你觉得你不能抵抗外界的压迫，便是你因不勇才有惧"来自己作答，以此来与演讲前文中的三个方面相呼应，从而非常有力而又语重心长地告诉了青年学生"为学与做人"的道理，让听众犹如醍醐灌顶，幡然醒悟：原来为学与做人是分不开的，做人比为学更重要！这样的演讲效果，都是缘于演讲者在演讲结尾运用了"设疑激问"的技巧。

六、析字引申：陶行知"春字三人日"

还有一位自称日本工人代表去见美国码头工人会的总书记："请你们不要抵制日货，给日本工人一碗饭吧！"

"阁下代表日本工人还是代表日本政府？"

"代表工人，但政府也知道的。"

"日本侵略中国，阁下同意吗？"

"却不能反对。"

"你们反对政府的侵略政策，反对军阀买军火，你们便有饭吃了。"

这位日本人给美国人开会开不成功，便召集日本人来开会了，说他无脸回国，要求切腹自杀了。而且他不是工人，是工贼。日本工人是不赞成他来的。中国的宣传费很少，而且都是尽义务的。可是没有中国人替日本宣传，但有替中国宣传的日本人。美国有一个很出名的日本女子说："我爱日本，所以我不喜欢日本侵略中国，中国没有出路，日本便没有出路，日本之侵华为日本之自杀，我始终反对日本侵略中国。"大为美国人士所赞同，这是我们为真理而战。

可是不能等待国际的转变，决定最后胜利的因素是我们团结到底，奋斗到底，抗战到底！日本人的政策是分开进攻，我们的政策是联合抵抗！日本还是在挑拨、离间，中国的唯一办法就是：中国人民联合起来打倒日本帝国主义！

夏天很热，夏思春，春天更好。春风袅娜，鸟儿唱歌，花在跳舞，各人喜欢春天，我也喜欢每天过春天。"春"字可知中国的命运。春字从三人日，三人者，上中下，左中右，老中少，苟联合起来，必能打倒日本帝国主义！

我们想实现自由平等的中华民国，唯一的方法便是三种人联合起来抗战！（陶行知《国际形势与中国抗战》）

这是陶行知 1938 年 9 月在香港所作的一次演讲的结尾部分。

在这篇演讲中，演讲者陶行知先讲了国际形势的基本情况，接着讲到了国际形势对中国抗日战争的影响。最后对比中日在国际上宣传战的不同效果，说明了中国抗日战争是正义的反侵略战争，日本对中国的侵略是不得人心的，连本国人民也反对。由此说明中国抗日战争必然胜利的道理，鼓舞香港同胞和海外炎黄子孙增强信心，团结起来，坚决与日本帝国主义战斗到底。为了布达他的这一主张，他于结尾处，利用香港 9 月还是夏季、天气很热的演讲现场情景，顺势作了联想引申，说"夏天很热，夏思春，春天更好"。然后巧妙地利用"春"字的形体结构特征，运用"析字"的修辞法，将"春"离析为"三人日"，由此引申发挥出这样一段精彩的结论："春字从三人日，三人者，上中下，左中右，老中少，苟联合起来，必能打倒日本帝国主义！""我们想实现自由平等的中华民国，唯一的方法便是三种人联合起来抗战！"这等结尾技巧，真可谓亘古未有，是演讲者陶行知的创见，不仅有力地宣传了"团结抗战"、"中国必胜"的信念，而且生动新颖，令人永久难忘！

七、求同存异：老师送给学生"六种心"

最后，值此隆重庆祝教师节之际，赠送给同学们"十六个字"和"六种心"，以求共勉：

坚定信仰、执着追求、来日方长、好自为之。

忠心献给国家、孝心献给父母、爱心献给社会、痴心献给事业、诚心献给朋友、信心留给自己。

谢谢大家！①

　　这是一位普通教师所作演讲的结尾部分，留给人们最深印象的是最末一句话："忠心献给国家、孝心献给父母、爱心献给社会、痴心献给事业、诚心献给朋友、信心留给自己。"

　　那么，为什么这样说就能给人留下深刻印象呢？因为它是运用了一种"求同存异"的表达技巧，"忠心"、"孝心"、"爱心"、"痴心"、"诚心"、"信心"这六个词，都有语素"心"，这是相同的；但还有另一个语素"忠"、"孝"、"爱"、"痴"、"诚"、"信"各不相同。这六个词语同中有异、异中有同的形式，作为一种语言信息刺激物，既能够便于听众记忆，因为都有一个重复的成分"心"；又易引起听众的注意，因为每个词语都有一个各不相同的成分，使自己与其他五个词语区别开来。作为语言信息刺激物来看，它具有新异性的特质，因此易于引起听众接受时的注意，通过比较而加深了印象。

　　这种"求同存异"的演讲结尾技巧，看起来简单，实则有很好的效果，如果运用恰当，确实能为演讲增色不少。如果我们留心人们日常说话，就会发现这种表达技巧的实用性。比方说：

　　　　三十五岁是女士的光彩照人的年龄，那么男士呢？有这样一种说法，二十岁的男人是赝品，三十岁的男人是正品，四十岁的男人是精品，五十岁的男人是极品。在座的各位不是正品，就是精品，或者是极品。下面我们欢迎这位极品级的男士给我们表演。

　　这是上海电视台著名节目主持人叶惠贤2000年8月在烟台主持中青年干部培训班联欢晚会时所说的一番话。当时有这样一个情

---

　　① 林中伟：《在教师节师生联欢会上的即兴演讲》，《演讲与口才》1993年第9期，第34页。

景：一位女士刚上台表演，下边的人开始打趣："芳龄几何？"那女士倒也大方坦荡，说："三十五了。"等那女士表演完，轮到一位五十岁的男士上场表演时，叶惠贤上台走向前，问那男士："可以告诉我您的年龄吗？"女士不介意别人问年龄，那男士更没问题了，说："五十了。"也许是开玩笑，实际没五十岁。叶惠贤抓住这一机会创作了上面的一番串词。结果，一番话说得台下掌声雷动。在座的各位男士都是三十岁至五十岁以上的各级领导干部，自然人人都被恭维到了，真是把话说到了大家的心坎上，怎么教人不叫好呢？

那么，何以至此？这是因为叶惠贤的这番话运用了"求同存异"的表达技巧，通过"赝品"、"正品"、"精品"、"极品"这四个词语字面上的相近与四个词语各自代表的语义内涵差异的对比，鲜明地凸显了不同年龄段男子的魅力和价值品级，含义隽永而耐人寻味，令人印象深刻，久久难忘，展示了一代电视"名嘴"的风采。于此，我们也可以深刻体认到"求同存异"表达技巧在演讲与其他说话场合中运用之妙的独特魅力。①

八、陡跌结尾：老舍宣布"散会"

我国著名作家老舍是好幽默的。他在某市的一次演讲中，开头即说"我今天给大家谈六个问题"，接着，他第一、第二、第三、第四、第五，井井有条地谈下去。谈完第五个问题，他发现离散会的时间不多了，于是他提高嗓门，一本正经地说："第六，散会。"听众起初一愣，不久就欢快地鼓起掌来。②

众所周知，老舍是很善于制造幽默的作家，他的很多作品都具有一种幽默的风格，让人读之难忘。同样，他的演讲也是如此。演

---

① 参见吴礼权：《妙语生花：语言策略秀》，上海：上海文化出版社2002年版，第188页。

② 傅用功：《幽默使演讲结尾更富情趣》，《演讲与口才》1999年第8期，第22页。

讲过程中，因为凭口直说，有时确实把握不了时间，或者因为其他原因演讲时间长短要有所变动，这也是正常的事。

那么，对于这种情况，演讲者如何应对呢？是草草收场，还是切情应境寻求一种巧妙的技巧予以结尾呢？一般情况下，演讲者都是草草收场的，说些"因为时间的关系，下面的几个方面不能展开说了"之类。可是，我们的老舍先生却不是这样，时间不够了，他恰情应景，仍然要坚持说他的"第六"方面，结果听众以为他真要讲"第六"个方面的问题，正准备要聆听他的高论时，他却说"散会"，使听众始料不及，结果引得听众先是一愣，继而"欢快地鼓起掌来"。这是因为他运用了一种"陡跌结尾"的技巧，他先前所说的"第一"、"第二"、"第三"、"第四"、"第五"，都是按照正常的演讲方法，一个方面一个方面去正经地讲，而到了"第六"，听众按照前面他演讲的思路，心里期待着听他"第六"个方面的演讲内容时，他却出人意料地不讲了，并说出了一个与前面演讲内容大不协调的内容——"散会"二字，让听众无论如何也想象不到。这就使听众的预期心理落空了，出乎他们意料，但细想一下，却是别出心裁的好说法，因此产生了巨大的幽默风趣，给听众留下了回味的空间，让演讲在欢笑中结束。

九、口号收括：朱德的深情呼唤

　　我们解放区的人民与军队，在这个伟大的事业中要做极重要的工作。我们已经彻底执行了停战令。政治协商会议的决议，和平建国纲领，它们的大部分内容我们都已经执行了。但是我们现在还要根据这个标准来重新检查一次我们各方面的工作，看我们已经实行得是否还不完满，还有缺点，如果还有，就要毫不迟疑地加以克服。那些还没有实现的，我们应当绝对忠实地去贯彻实行。我们解放区的军队，从一开始就是不要钱，不怕死，全心全意服务于国家民族与人民的军队，除此以外，我们的军队不知道任何个人的党派的私利。中国共产党为了国家民族和人民的利益，经过种种艰难困苦，创造了、发展了一支国家的人民的军队，这就是今天的八路军新四军及其他抗日纵队，现在国家民主化已开始实现，我们的目的已开始达到，这些军队即将成为统一的民主国家的最忠实的服从者与支持者，中国共产党将一如中国国民党一样即将停止在军队中党的组织活动。我们无论在政治民主化方面、军队国家化方面、在国家经济建设方面，都要力求成为全国的模范。我们一方面要自己加倍努力，把解放区建设得更好，另一方面还要努力参加全国范围内的民主事业和建设事业，推动其迅速前进，把全中国都建设好，我们的责任是双重的。是的，解放区的工作还会遇到很多困难，因为解放区本来是全国经济与文化比较落后的地区，又受了战争最严重的摧残，但是只要我们全体军民团结一致，坚持和平民主的方针，我们就有信心战胜一切的困难，有信心完成我们的双重任务，像过去我们在八年抗战中所做过的一样。解放区在今后和平民主建设的新时代中，将有伟大的发展前途。(鼓掌，会场高呼：加强解放区民主建设，推动全国民主化!)

全中国人民团结起来!

巩固和平! 实现民主! 建设新中国!

国共合作万岁! 各党派合作万岁!

中美苏英亲密合作万岁!

和平民主团结统一的新中国万岁! 万万岁! (全场高呼，长久不息) (朱德《在延安庆祝和平民主大会上的演说》)

这是朱德于1946年2月3日所作的一次演讲的结尾部分，颇具鼓动的效果。

众所周知，中国人民经过了八年浴血抗战，终于打败了日本帝国主义，饱经苦难的中国人民都热切地盼望着和平的到来并过上幸福平静的生活。但是，以蒋介石为代表的国民党政府却为了自己的利益而准备发动内战，企图一举消灭共产党，从而实现其独裁统治。为了替打内战做好准备，并制造借口，欺骗国内外舆论，蒋介石于 1945 年 8 月亲自三次电邀中共领导人毛泽东赴重庆共商国是。中国共产党为了尽一切可能争取民主和平，团结、教育广大人民，派毛泽东、周恩来、王若飞等从延安飞赴重庆，从 1945 年 8 月 28 日到 10 月 10 日，与国民党进行了 43 天的谈判，于 10 月 10 日签订了《国共双方代表会谈纪要》（即"双十协定"）。在纪要中，蒋介石被迫承认了中国共产党提出的和平建国的基本方针，同意召开由各党派代表及社会贤达参加的政治协商会议，并保证人民享有各民主国家人民应享有的民主自由。① 可是，不久蒋介石就撕毁了协定，向中国共产党领导的解放区发动了全面进攻，结果并未那么容易如愿。1946 年 1 月 10 日，国共双方重新达成停战协定，由各党派参加的政治协商会议也在同月召开了。1 月 31 日，在会上通过了实行和平民主的决议。并由政治协商会议决议改组国民政府委员会，改组行政院，通过修改宪法草案原则，通过和平建国纲领，确立政治民主化，军队国家化的基础。2 月 3 日，延安隆重召开了庆祝和平民主的大会，国民党代表张群、王世杰、邵力子、张治中等，共产党代表周恩来、董必武、王若飞、叶剑英等人都出席了此次会议。朱德代表中国共产党在此次大会上作演讲。

朱德的这篇演讲先讲了和平民主决议的由来，对国内外各方力量为达成这一和平民主决议所作的努力表示了感谢。接着讲了"国内和平已经实现"以后"我们的任务"，清楚而真切地表达了中国共产党对于坚决贯彻民主和平决议的态度。最后，以"全中国人民团结起来！巩固和平！实现民主！建设新中国！国共合作万岁！各党派合作万岁！中美苏英亲密合作万岁！和平民主团结统一的新中国万岁！万万岁！"八句口号收束全篇演讲。这种以"口号收括"

① 参见《辞海》（1989 年缩印本），上海：上海辞出版社 1990 年版，第 98 页。

105

的结尾方式，看起来好像不算什么技巧，其实这恰恰是政治性演讲的最大技巧。这八句口号的内容不仅从意思上概括了这篇演讲的基本内容，而且表明了中国共产党对于"和平、民主、团结"的坚决态度与热切期盼之情，尤其是当着国民党代表的面大声地喊出这八句口号，政治意义之巨大是任何演讲结尾技巧都无可比拟的。因为任何技巧的优劣都是以效果为衡量标准的。这种技巧是一种切合题旨情境的大技巧，也是一种大巧若拙的技巧，在政治性演讲中加以运用是非常有效的。

正因为如此，不仅中国人会运用这种演讲结尾技巧，外国人也非常擅长运用此等技巧：

> 红军和红海军战士、指挥员和政治工作人员，男女游击队员同志们！全世界都注视着你们，把你们看作是能够消灭德国侵略者匪军的力量。处在德国侵略者压迫下的被奴役的欧洲各国人民都注视着你们，把你们看作是他们的解放者。伟大的解放使命已经落在你们的肩上。你们不要辜负这个使命！你们进行的战争是解放战争，正义战争。
>
> 彻底粉碎德国侵略者！
>
> 消灭德国占领军！
>
> 我们光荣的祖国、我们祖国的自由、我们祖国的独立万岁！
>
> 在列宁的旗帜下向胜利前进！ （斯大林《红场演讲》）①

这是斯大林著名的红场演讲的结束语，对听众的鼓动效果非常好。

1941 年 10 月，希特勒纠集的重兵三面合围莫斯科，扬言十日

---

① 转引自叶洪军：《壮我之军威，灭敌之气焰》，《演讲与口才》1995 年第 9 期，第 39 页。

之内破城，首都危在旦夕。11 月 7 日，斯大林毅然在红场举行了纪念十月革命的阅兵式，并发表了这篇演讲。演讲的结尾也是运用"口号收括"的策略，以三个无主句和一个特长的主谓句并列，喊出了苏联人民坚决打败希特勒法西斯的决心，对苏联的广大将士和人民也是一种巨大的精神鼓舞，激励大家为保卫祖国而战斗到最后胜利，宣传鼓动性特别大。因此，"口号收括"的结尾方式运用在这种场合的鼓动演讲中是再合适不过的，也是最大的技巧。

第四章　有力感人的技巧

我们都知道，演讲者之所以要向公众演讲，不管是主动还是被动（被邀）地演讲，往往都是要推销自己的某种思想或理念，布达某种道理或学说。因此，演讲有力感人、具有说服力必是演讲者追求的重要目标。那么，如何实现这一目标呢？其实，这是有一定的技巧可以臻致的。下面我们就介绍几种常见的且被实践证明是十分有效的演讲技巧，若能在演讲中恰当运用这些技巧，相信一定会使您的演讲具有有力感人的表达效果。

一、引语征信：孙中山申说"天下为公"

> 孙中山先生在广州农民联合会演讲时，为了论证"民国就是实行民权"的论题，他说："譬如孔子说：'天下为公。'又有人说：'天下者，天下人之天下也。'就是这种理想。我们革命党要实行三民主义，也就是这个意思。"①

上引这段文字，讲的是有关孙中山先生在广州宣传"三民主义"的一个故事。

"三民主义"即"民族主义"、"民权主义"、"民生主义"，是孙中山先生所提出的中国资产阶级民主革命的纲领。所谓"民族主义"，其内容就是 1905 年中国同盟会成立时提出的"驱除鞑虏，恢复中华"，也就是要推翻清政府的封建统治。后来在俄国十月革命

---

① 转引自聂焱《演讲中论证观点的八种常用方法》，《演讲与口才》2000 年第 10 期，第 26 页。

和中国共产党的帮助下，孙中山 1924 年在《中国国民党第一次全国代表大会宣言》中对"民族主义"重新作了解释，主张反对帝国主义，中国民族自求解放，国内各民族一律平等。① 所谓"民权主义"，其内容前后也有所变化，1905 年提出时，主张推翻清朝封建专制制度，建立欧美式的资产阶级共和国。同样在 1924 年的《中国国民党第一次全国代表大会宣言》中，孙中山对"民权主义"也重新作了解释，称民权为一般平民所共有，非少数人所得而私；一切自由和权利只给予真正反对帝国主义的个人及团体，凡效忠于帝国主义的军阀者皆不得享有。② 所谓"民生主义"，孙中山明确指出："民生就是人民的生活，社会的生存，国民的生计，群众的生命。……故民生主义就是社会主义，又名共产主义，即是大同主义。"即以改善人民的物质生活，解决人民的食、衣、住、行问题，防止出现贫富的严重对立为目标。既要"振兴实业"，发展生产力；又要"反对少数人占经济之势力，垄断社会之富源"。与"民族主义"、"民权主义"一样，"民生主义"内容前后也有不同说法。在1905 年提出的纲领中是指"平均地权"，要使地主不能因为地价上涨而坐享其成。在 1924 年《中国国民党第一次全国代表大会宣言》中又有了新解释，进一步把"节制资本"也定为"民生主义"的纲领。③

　　现在我们对于"三民主义"的内容大多比较能理解，但是在 20 世纪初期的中国，封建主义思想还占据着统治地位，国人对于"三民主义"的内容，特别是"民权主义"这一套西方资产阶级的理念根本就不可理解，脑子中根本没有什么"民权"与"民权主义"这套洋玩意儿的概念之类。对"民权"与"民权主义"不能理解，那当然对什么是"民国"（资产阶级民主共和国）也就不能理解，不能理解也就不会支持。为此，孙中山先生要向民众解释"民国"的内涵，"民权"的内容，实行"三民主义"的目的。但是，为了论

---

① 参见《辞海》（1989 年缩印本），上海：上海辞书出版社 1990 年版，第 2033 页。
② 参见《辞海》（1989 年缩印本），上海：上海辞书出版社 1990 年版，第 2033 页。
③ 参见《辞海》（1989 年缩印本），上海：上海辞书出版社 1990 年版，第 2032 页。

证"民国就是实行民权"的主旨，演讲者孙中山没有自己讲自己的那一套理论，而是搬出孔子的话"天下为公"（见《礼记·礼运第九》）来作解释，又引其他贤圣申述孔子的话时所说的"天下者，天下人之天下也"的名言，以此来说明"我们革命党要实行三民主义"就是实现孔子"天下为公""大同社会"的理想。孔子"天下为公"的学说，中国人都很熟悉，也很了解，更是赞赏的。

况且孔子是中国的圣人，他的话所具有的权威性没有人能够提出怀疑。演讲者孙中山先生正是基于这种语言心理，所以有意运用"引语征信"的技巧，以此来说服民众，推广他的"三民主义"与建立"民国"的政治理念。很明显，他的这一技巧运用，不仅通俗易懂，又有很强的说服力，事实上产生的接受效果是非常好的。

演讲中运用"引语征信"的技巧，不仅中国人很拿手，西方的很多政治家更是运用自如：

> 1972 年 2 月，尼克松总统第一次访华。他在中国政府举行的欢迎晚宴上致答词时说："'多少事，从来急；天地转，光阴迫。一万年太久，只争朝夕！'现在就是只争朝夕的时候了。"①

这段文字，记述的是美国前总统尼克松 1972 年访华时在中国政府举行的欢迎晚宴上的答谢演讲的故事。

我们都知道"多少事，从来急；天地转，光阴迫。一万年太久，只争朝夕！"是毛泽东一首名叫《满江红·和郭沫若同志》的词中的名句，尼克松竟然拿来加以发挥，以此说明中美两国实现关系正常化的外交努力的迫切性与重要性。用中国领袖的话来说明他要表达的意思，既有表达对中国领袖的尊敬之意，又有拿中国领袖自己的话来加强说服力的意图。因为在中国，毛泽东的话有多大分

---

① 转引自谢伯瑞：《即兴演讲要善于从现场发掘话题》，《演讲与口才》1992 年第 8 期，第 30 页。

量，不仅中国人人人皆知，甚至全世界人都是知道的。而且，尼克松的这种说法还有一个妙处，就是表意非常婉转，自己的意思却用毛泽东的话来说。因此，我们既应该佩服他当时敢于冲破各种阻力开创中美外交关系新局面的政治家勇气，也不能不佩服他那演讲家的口才，他的这一"引语征信"技巧的运用是创造性的，其效果也是非同凡响的。

我们都知道，"引语征信"技巧的运用，一般都是根据引语内容进行正面引用，直接拿引语的意思印证自己的观点。但是，有时也可以反弹琵琶，引他人之语，作反面的引申发挥，以此阐明自己的观点，这种做法往往也有出人意料的效果：

> 国王、王后陛下，皇族们，各位朋友：
>
> 得到诺贝尔奖，是一个科学家最大的荣誉。我是在旧中国长大的。因此想借这个机会向发展中国家的青年们强调实验工作的重要性。
>
> 中国有句古话："劳心者治人，劳力者治于人。"这种落后的思想，对很多发展中国家的青年们有很大害处。由于这种思想，很多发展中国家的学生都倾向于理论研究，而避免实验工作。事实上，自然科学理论不能离开实验的基础，特别是物理学是从实验中产生的。
>
> 我希望由于我这次得奖，能够唤起发展中国家的学生们的兴趣，从而注意实验工作的重要性。①

这是美籍华裔科学家丁肇中 1976 年与伯顿·里克特共同获得 1976 年度诺贝尔物理学奖后，在授奖仪式上的演讲词。

在这篇简短的演讲中，演讲者丁肇中引用了这样一句话"劳心者治人，劳力者治于人"。这句话出自《孟子·滕文公上》："或劳

---

① 转引自郑文富：《文朴意深，语重心长》，《演讲与口才》2000 年第 11 期，第 40 页。

心，或劳力。劳心者治人，劳力者治于人；治于人者食人，治人者食于人，天下之通义也。"这话的意思是："人在社会上是有分工的，有的人从事脑力劳动，有的人从事体力劳动。从事脑力劳动的人统治管理别人，从事体力劳动的人受人统治和管理。受统治和受管理者用劳动来供养别人，统治者和管理者则靠别人的劳动养活，这是天下通行的共则。"

孟子说这话的目的是在向滕文公讲明社会分工的必要性与进步性。当时农家学派的代表人物许行提出贤明的君主应该"与民并耕而食"，反对统治者对人民进行剥削，反对由此而产生的社会不公。这个原意是善意的。但是，若从社会发展的角度看这个问题，许行则是错误的，因为社会分工是人类进步的一大表现，这个道理现在我们人人都懂。但是，那时候是不易被人理解的。而孟子的过人之处，正是在于看到了这一点，这一点事实上也是他思想中具有进步性与合理性的价值所在，是符合人类社会发展实际的正确观点。在上述丁肇中的演讲中，演讲者引用孟子的这句话并不是为了说明社会分工的必要性与合理性，而是引此语来批评自然科学界的学者重视理论研究，轻视实验研究，不愿从事艰苦的实验室工作的现象。很明显，丁肇中的引语不是从正面来阐发引语的内涵，以此来印证自己的观点的，而是反其道而用之。他引用孟子的这句话，目的是要以此批评孟子之语，并阐发自己的观点：应该重视实验研究。由于是借引名人之语来说事，又是通过反驳名人之语来阐明自己的观点，因此其说服力也非常强。这种"引语征信"也是一种创造性的演讲技巧，值得重视与借鉴。

二、援事明理：鲁迅证论"天才与民众"

天才并不是自生自长在深林荒野里的怪物，是由可以使天才生长的民众产生、长育出来的，所以没有这种民众，就没有天才。有一回拿破仑过 Alps 山，说："我比 Alps 山还要高！"这何等英伟，然而不要忘记他后面跟着

许多兵；倘没有兵，那只有被山那面的敌人捉住或者赶
回，他的举动、言语，都离了英雄的界线，要归入疯子一
类了。所以我想，在要求天才的产生之前，应该先要求可
以使天才生长的民众。譬如想有乔木，想看好花，一定要
有好土；没有土，便没有花木了；所以土实在较花木还重
要。花木非有土不可，正同拿破仑非有好兵不可一样。

（鲁迅《未有天才之前》）

这是鲁迅 1924 年 1 月 17 日在北平女子师范大学附属中学校友
会上所作的演讲。

演讲者鲁迅为了阐明天才的产生需要有一个良好的民众基础，
只有民众是优秀的，才有可能从这些优秀的民众中产生天才。但
是，他在阐明这一观点时，没有这样直接地表达，而是先提出"天
才并不是自生自长在深林荒野里的怪物，是由可以使天才生长的民
众产生、长育出来的，所以没有这种民众，就没有天才"的观点，
然后运用"援事明理"的演讲技巧，援引法国的拿破仑征服欧洲、
过阿尔卑斯山时说了一句"我比 Alps 山还要高"的豪语的故事，由
此引出对拿破仑这一言语行为的议论："这何等英伟，然而不要忘
记他后面跟着许多兵；倘没有兵，那只有被山那面的敌人捉住或者
赶回，他的举动、言语，都离了英雄的界线，要归入疯子一类了。"
由此进一步形象地阐明了自己的观点："在要求天才的产生之前，
应该先要求可以使天才生长的民众。"最后，又以一个比喻将这一
观点加以深化："譬如想有乔木，想看好花，一定要有好土；没有
土，便没有花木了；所以土实在较花木还重要。花木非有土不可，
正同拿破仑非有好兵不可一样。"以乔木和花的生长与好土的关系
来比喻天才产生与民众基础的关系，形象生动，说服力极强。鲁迅
不愧为一代语言大师，写起来动人，说起来同样深具魅力，让人印
象深刻。

三、咄咄叩问：章太炎质疑"督抚革命"

第一督抚引用学生，不过充当文案，预备顾问。……若要得志，除是想几件压制革命党的政策，或杀戮几个革命党人，方得有小小权柄到手，这还靠得住吗？（大拍掌）

第二，今日的督抚富贵尊荣，与皇帝相差无几，难道放着平坦大路不走，反去革命，自寻荆棘？……

第三，那老耄昏聩的督抚，往往有几个儿孙出洋留学，与学生通同一气。学生见他可用，就推心置腹，奉承个不了。……试想此辈胸中，究竟所思何事，起得事来，他的权力岂肯轻轻送你？奉这蝇营狗苟的顽童作为革命首领，还成个世界吗？（大拍掌）

因此三事，所以督抚革命万无可望。①

这是章太炎《在〈民报〉纪元节大会上的讲演》的一部分。

我们知道，辛亥革命之所以不彻底，就是因为依靠清朝的督抚起而革命。章太炎虽然言语行为乖张，但思想绝对正常，超越常人多矣。他一眼就看出了辛亥革命和孙中山领导的资产阶级民主革命失败的根本原因，所以在上述的演讲中就阐明了这个观点。他这个观点的阐明，是运用设问的表达技巧来进行的，因此显得特别有力。因为"设问"是一种"无疑而问"，它有引发听众（接受者）深思、激发接受者参与、强化集中听众注意力的作用，因此运用这种技巧往往能够使听众产生较深刻的印象，演讲的效果也会由此而增强。章太炎这里不仅三段话都运用"设问"，而且三段话还在结构上大体相似，又构成了一种"排比"，而"排比"则有铺排壮势的作用，这就更加强了演讲的气势与说服力，让听众深刻认识到进

---

① 转引自聂焱：《演讲中论证观点的八种常用方法》，《演讲与口才》2000 年第 10 期，第 27 页。

行资产阶级民主革命不能依靠封建督抚，从而让听众深切体认到在中国进行革命的艰巨性，对未来的前进方向有了更清醒的认识，宣传鼓动性极强。因此，他的三句话说完，便激发了听众的"大鼓掌"，这是有道理的。

由于"设问"有上述特有的表达效果，因此很多人在演讲时都自觉地对这种技巧加以运用：

　　　　向外国学习什么？是像有的国家那样把外国的电子计算机和脱衣舞一起学过来，还是脱衣舞进来了，计算机却不会掌握，还是引进了计算机，抵制了脱衣舞？我们反对前两种做法，赞成后一种做法，既要学习资本主义国家的科学技术，又要抵制他们一切腐朽的东西。①

这是一位领导人所作的关于改革开放的演讲中的一段，也是运用了"设问"的技巧，一气之下四个问句，首先将听众的注意力牢牢地抓住，然后再道出自己对"如何向外国学习"的看法，从而使听众对他所要布达的观点与对改革开放应持的基本态度有了深刻的印象，并易于与演讲者达成情感思想上的共鸣，接受他的观点。事实上，这位领导人的演讲是成功的，他的演讲也确实是有水平的。

四、反复其辞：天之骄子的深切忧虑

　　　　痛定思痛，感慨之余，当冷静地思考赶走了不安的迷茫，理性的灵光罩住了感情的激昂，我深深感到我们当代大学生的未来任重而道远。"天下兴亡，匹夫有责"，而我国农业的兴亡，对于我们这些并非匹夫的时代宠儿又该有怎样的责任呢？此时此刻，我不禁要感谢那位老外给我们

---

　　① 转引自聂焱：《演讲中论证观点的八种常用方法》，《演讲与口才》2000年第10期，第28页。

敲响了粮食危机的警钟。

"谁来养活中国"，听着这轰鸣的钟声，我把目光投向了东方升起的太阳，我想站在长城上高声呼唤：中国自己能养活中国。卫星能上天，播种机却下不了田，非不能也，实不为也。改革开放的结果不应该、也决不会让十几亿人饿着肚子奔小康。计划生育的一再猛抓，已使我国人口增长得到控制；农业政策的努力落实，已使农民日渐消退的土地热情有所回升；环保意识的逐步确立，也使日益严重的环境污染得到改善；农业地位的稳步提高，使我国盛行多年的"口号农业"终于走向衰亡。农业这个改革开放落伍者的体温终于不再那么冰凉。

"谁来养活中国"，听着这轰鸣的钟声，我想登上珠穆朗玛峰的山巅，面对黄河长江传出我心中的呼唤：中国农民能养活中国。农、经、饲相结合的三元结构农业，将来靠他们的身躯定能撑起；绿色农业、白色农业、蓝色农业相并联的三色农业，将来经他们的双手也定能闪光。可是，现在我却要对你们说：八亿同胞们，快醒醒吧！东方巨龙在呻吟，四大发明已经蒙上厚厚的历史灰尘。洋洋数千年，你手中握着的不该还是曲辕犁呵！

"谁来养活中国"，听着这轰鸣的钟声，我想在大水法的残骸前跪倒，抓把泥土，写下我们共同的宣言——我们就能养活中国。当法国人有朝一日得知艾菲尔铁塔已经腐化，美国人如梦初醒地明白自由女神即将倒塌，埃及人可万万没有想到，狮身人面像已有裂缝，那中国人呢？中国人却在圆明园的遗迹依旧凄凉之时，突然听到：谁来养活中国？这的确是一个足以震惊世界的问题，对于我们来说，这更是一个义不容辞的历史使命。在大水法的石柱上，我曾看见某某高校学子的大作——"要炮轰白宫，火烧凡尔赛，踏平白金汉"，从他的文字中，不难看出，当代青年是具有强烈爱国热情的。但我想，这种愤慨的发泄

是于事无补的。抛头颅、洒热血的年代已经过去。现在，
中国最需要的，是把青春的汗与泪切实洒到科技事业上的
一代人。有人说："考上大学，自己终于跳出农门。"而我
现在却要说："考上大学，自己终于踏入农门！"①

这是农业大学一个叫王海滨的学生所作的题为"中国人来养活
中国人"的演讲片断。

20世纪90年代末，西方有学者发表了一篇《谁来养活中国》
的论文，谈及中国的粮食问题，说什么21世纪中国将丧失自己养活
自己的能力。王海滨的这篇演讲《中国人来养活中国人》就是针对
这一观点而作的反驳，提出了"中国人能够养活自己"的观点，表
达了中国人民的自信，同时也对中国现实的农业现状表达了自己作
为一个青年大学生的深深忧虑，体现了新一代中国青年忧国忧民的
深切爱国情怀。

为了使自己提出的观点能给听众留下深刻的印象，演讲者运用
了"反复其辞"的演讲技巧，以"谁来养活中国"一句作为每段的
起首来展开演讲，三次反复其辞，以此集中听众的注意力，从而大
大加深了听众的印象。因为从心理学角度看，"谁来养活中国"作
为语言信息刺激物三次反复，就在听众大脑皮层留下了较深的记忆
痕迹，从而加深了听众的接受印象，引发听众对其演讲内容的思
考，为中国的农业和农业问题、人口与粮食问题深深地思考。加
之，作为多次刺激物的"谁来养活中国"一句本身又是一个疑问
句，疑问句的上升语调，对听众也是一种强化刺激，易于引发听众
在听讲中的互动，自动引发思考，由此加深对演讲内容的印象与理
解。因此，有经验的演讲者在演讲中常常会自觉地运用"反复其
辞"这一技巧。

---

① 王海滨：《中国人来养活中国人》，《演讲与口才》1999年第8期，第42—43页。

五、列举分承：村官艰难的心路历程

我工作 40 多年，人家问我成功秘诀是啥？我说，实事求是。千难万难，实事求是最难。40 多年来，我长期当村官，也当过乡官、县官，经历了一个"听、顶、拼、醒、明"的过程，实际上也就是思想路线从不实事求是走向实事求是的过程。

50 年代"听"，那时年纪轻，没有经验，上面说的话都得听，上面说啥做啥，照搬照套。60 年代"顶"，对不符合实际的事情就顶，硬顶不行就软顶。70 年代"拼"，那时，头戴村党支部书记和县委书记两顶"乌纱帽"，担子重，压力大，于是大干社会主义，拼命改变农业生产条件，以粮为纲。80 年代"醒"，解放思想，改革开放，什么事情都从实际出发，对的坚持，错的改正。所以，华西从 80 年代以来发展得很快，变化也很大，进入了崭新的发展阶段。90 年代"明"，党的十四大、十五大召开，使华西明确了方向，明确了发展目标，明确了发展路子，形成了多种所有制经济共同发展的新格局。[①]

这是被称为"华夏第一村"华西村的领头人吴仁宝的演讲片断。

华西村成为"华夏第一村"，在中国农村改革与奔小康的道路上所作出的榜样与示范作用，是全国人民都知道的，甚至在国外也是有名的。作为华西村当家人的吴仁宝之所以能带领华西人走出一条农村迅速发展致富的金光大道，实际上与他思想上的认识有关，也与他人生道路上曾经走过的不平凡的心路历程相关。那么，演讲

---

① 转引自魏欣：《吴仁宝：中国特色的"村官"，"村官"特色的口才》，《演讲与口才》2001 年第 8 期，第 4 页。

者吴仁宝的心路历程到底如何？这是听众都很关心，也是最感兴趣的。而具有40多年工作经历的吴仁宝，要说清这几十年来的心路历程，并给听众留下深刻印象与启示，实在不是很容易的事。但是，村官吴仁宝却以不多的话语便将此问题说得非常清楚且透彻。

那么，他是以什么技巧来实现这一演讲目标的呢？这就是"列举分承"之法。他先将自己几十年来的思想发展过程概括为"听、顶、拼、醒、明"五个字，然后再对这五个字所代表的心路历程进行说明："50年代'听'，那时年纪轻，没有经验，上面说的话都得听，上面说啥做啥，照搬照套。60年代'顶'，对不符合实际的事情就顶，硬顶不行就软顶。70年代'拼'，那时，头戴村党支部书记和县委书记两顶'乌纱帽'，担子重，压力大，于是大干社会主义，拼命改变农业生产条件，以粮为纲。80年代'醒'，解放思想，改革开放，什么事情都从实际出发，对的坚持，错的改正。所以，华西从80年代以来发展得很快，变化也很大，进入了崭新的发展阶段。90年代'明'，党的十四大、十五大召开，使华西明确了方向，明确了发展目标，明确了发展路子，形成了多种所有制经济共同发展的新格局。"说得条理清楚，逻辑性极强，又便于记忆，从而给听众留下了深刻印象，也让听众从中领悟到更多的道理。演讲者吴仁宝能当好"华夏第一村"的村官，看来不是没有道理的，就凭他这演讲才能也可以看出他不是平凡的村官，"华夏第一村"的村官应该是非他莫属！因为，语言表达能力强，就说明他逻辑思维强、脑子清醒。脑子清楚的人当官能搞不好工作吗？

六、排比强势：董建华五个"但是"说使命

任何社会都需要有自己的价值观，这样整个社会才有凝聚力，才会有共同目标。香港居民大多数是中国人，也有不少非中国籍居民。长期以来，中西方文化在香港相互辉映，相互交融。我们会继续鼓励香港文化多元化发展，但亦需要加强对中国优秀传统价值观念的尊重和认同，包

括孝顺父母、重视家庭、谦逊厚道、自强不息。我们重视多元，但避免对立；我们崇尚自由，但讲求法制；我们尊重少数人的意见，但处处应以大局为重；我们维护个人权利，但更要承担社会责任。我希望这些理念可以成为香港团结的基础。①

这是中华人民共和国香港特别行政区首任行政长官董建华在1997年7月1日特区政府成立大会上所作的题为"追求卓越，共享繁荣"的施政演讲中的一段。其中，"我们会继续鼓励香港文化多元化发展，但亦需要加强对中国优秀传统价值观念的尊重和认同，包括孝顺父母、重视家庭、谦逊厚道、自强不息。我们重视多元，但避免对立；我们崇尚自由，但讲求法制；我们尊重少数人的意见，但处处应以大局为重；我们维护个人权利，但更要承担社会责任"一段话，给人印象特别深刻，明确、清楚、坚定地表达了香港特别行政区今后开展工作所要坚持的方针政策。

那么，为什么会有这种效果呢？这是因为演讲者董建华运用了"排比强势"的技巧。五个结构相似、形式上包含五个"但"字的偏正复句铺排而下，表意全面充分，语气坚定明确，既凸显了特区政府清晰的工作思路和坚决维护"一国两制、港人治港"基本原则的坚定立场，也使听众对特区政府未来的工作方向与基本方针有了清楚、明确、深刻的印象，其良好的演讲效果是显而易见的。

由于"排比强势"的技巧有表意充分酣畅、语势强劲壮昂、情感展露淋漓尽致的独特效果，所以在许多政治家的政治性演讲中经常被大量运用。不仅在中国是如此，西方更是如此：

昨天对夏威夷群岛的进攻，给美国海陆军部队造成了严重的损害。我遗憾地告诉各位，很多美国人丧失了生

① 转引自黄越：《匠心独运，浑然天成》，《演讲与口才》1997年第11期，第38页。

命。此外，据报，美国船只在旧金山和火奴鲁鲁之间的公
海上也遭到了鱼雷袭击。

昨天，日本政府已发动了对马来西亚的进攻。

昨夜，日本军队进攻了香港。

昨夜，日本军队进攻了关岛。

昨夜，日本人进攻了威克岛。

今晨，日本人进攻了中途岛。①

这是美国总统罗斯福1941年12月8日在参众两院所作的题为
"1941年12月7日——一个遗臭万年的日子"的演讲，呼吁美国参
众两院批准对日宣战。结果演讲半小时后，国会就通过了对日宣战
决议。

那么，罗斯福的演讲何以有如此独特的效果呢？要知道，在美
国，总统虽是国家元首，但是参众两院对其权力的制约是非常大
的，特别是总统要宣布对外国开战，那是一定要参众两院通过的，
否则总统根本就不能发布对外宣战的命令。1941年12月7日（星
期日）晨，日本不宣而战，对美国在太平洋地区的主要海空军基地
珍珠港进行了偷袭，结果击毁、击伤美国主要舰只十余艘、飞机一
百八十八架，美国的太平洋舰队遭到惨重损失。② 虽然这次失败是
美国有史以来最大的耻辱，但要仅就此事而劝说参众两院改变在
"二战"中的"中立"既定国策，授权总统发动一场空前规模的战
争，卷入难以逆料的第二次世界大战的漩涡中，那也是很难的。

可是，罗斯福总统不是就事论事，而是从更广阔的背景上来论
说日本对美不宣而战的本质，以"昨天，日本政府已发动了对马来
西亚的进攻。昨夜，日本军队进攻了香港。昨夜，日本军队进攻了
关岛。昨夜，日本人进攻了威克岛。今晨，日本人进攻了中途岛"
五个结构相似的句子一字铺排而下，从而有力地向参众两院的议员

① 转引自李增源：《如何在"渲染"中提高演讲的艺术表现力》，《演讲与口才》
2002第10期，第27页。

② 参见《辞海》（1989年缩印本），上海：上海辞书出版社1990年版，第1361页。

们表明了问题的严重性，美国的国家安全和民族生存的严重危机，以表意充分的语句、气势磅礴的语势、壮怀激烈的感情给参众两院议员以深刻的印象，从而让两院议员终于从"中立"政策的梦幻中惊醒，迅速批准了授权总统对日本宣战的决议。

七、对比明义：景克宁的"50 年代回忆"

这里有一个强烈的对比：50 年代，也存在着资产阶级的糖衣炮弹和作风不正的一些党员。但那个时候，他们只是在阴暗的角落鬼鬼祟祟、羞羞答答地做着交易。可是，今天却发展到公然盛行一种所谓"关系学"。行贿者竟然可以手提礼物，公开地去敲共产党员的大门！公开去敲国家干部的大门！50 年代，贿赂者不敢公然去做肮脏交易，那是因为党的威信威慑着他，害怕里包含着对党的敬仰。现在行贿者敢于公开去做肮脏交易，是因为他觉得党的形象对他不再具有威慑力了，他不怕了，这里面包含着对党的蔑视。我们可以想象，当行贿者满脸堆笑地把礼物双手奉献的时候，心里一定会骂道："你算什么共产党员！？你算什么国家干部！？"①

这是景克宁在一次颇为民众叫好的演讲中的演讲片断。

这篇演讲之所以为民众叫好，一是因为演讲者说出了民众心中对少数党员干部败坏党风的腐败行径的愤慨之情，抒发了广大人民对党的无比热爱之情、对国家前途命运的深切忧虑之情；二是因为演讲者"对比明义"的演讲技巧运用得非常好，通过 20 世纪 50 年代党员干部清廉纯洁的作风与 20 世纪八九十年代一些党员干部经不住糖衣炮弹和金钱诱惑而败坏了党风、影响了党的光辉形象的不齿

---

① 转引自孙玉茹：《演讲者：让听众的心与你一起跳动》，《演讲与口才》2001 年第 8 期，第 23 页。

行径的鲜明对比，强烈地说明了在改革开放和发展社会主义市场经济的过程中注重加强党风建设、对党员干部进行深刻的思想教育的重要意义，使听众产生了强烈的思想情感共鸣，加深了对演讲内容的印象与认识，所以才能为民众叫好！因为"对比明义"的表达技巧，是通过两种对立的现象进行相互映照，在对比中更显所要突出的语意，对比效应特别明显。正如一句老话所言："有比较才有鉴别。"有对比才能使两相比较的事物性质更突出鲜明，因而给人的印象也就特别深。因此，有经验的演讲者在演讲中适当运用"对比明义"的技巧来强调自己的某种语意倾向，对加深听众的理解与印象是大有助益的。

八、数据说话：河流水体保卫战

据水利部对全国700多条河流10万公里河长开展的水资源质量评价，46.5%河长受到污染；10.6%受到严重污染，水体工程丧失了使用价值；……太湖、淮河、黄河流域竟然有70%以上河段受到污染；海河、松辽流域污染河段占60%以上。12亿人口中有近4亿人正在靠饮用不符合卫生标准的污染水生活。可怕的水污染事故频发，触目惊心……①

这是一位领导在一次会议上就有关保卫河流水体，防止水污染扩大问题的演讲片断。

众所周知，中国的环境问题随着中国经济的高速发展也愈显突出，环境保护问题也就越来越受到人们的重视。而环境污染问题中，河流水体的污染最不容忽视。20世纪90年代以来，各种媒体有关河流被污染的报道以及由此引发的诉讼案件也越来越多。那

---

① 转引自芝苕：《激情——进入演讲状态的"催化剂"》，《演讲与口才》2002年第2期，第27页。

么，中国河流水体所受到的污染到底有多严重呢？一般人可能仅知道一些局部情况，对全国的情况并不太了解，因而对全国的河流水体遭受污染的情况没有一本账，对保护河流水体的紧迫性也就没有清晰的认识。为了使听众对此有足够的重视，并有深刻的认识，这位演讲者运用了"数据说话"的技巧，以列举统计数据的方式说明了中国河流污染的现实，使听众真正从心灵深处感受到情况确实是已经到了"触目惊心"的地步了，由此加深了听众的印象并唤起其对保护水资源重要性的认识，自觉地汇入保卫 13 亿中国人赖以生存发展的河流水体保卫战的战斗行列，做一个自觉的环境保护人士。

由于"数据说话"的技巧有不可置疑的说服力，所以有经验的演讲者在演讲中为了说明某种现象的严重性，唤起听众的觉醒，往往都会有意识地运用这种演讲技巧。这一点中外有经验的演讲者皆然：

在美国每年有 5 亿人次得过此病。为此，我们浪费了 3 200 万个工作日，因病卧床 1 亿零 500 万天。为了缓和其病症——咽喉痛、打喷嚏、咳嗽、高烧和头痛，我们花费了 100 万美元。那么，这是种什么病呢？这就是一直以来人尽皆知且很平常的病——感冒。①

这是一位美国演讲者有关感冒对人类生活的影响的演讲片断。

演讲者没有抽象地谈论感冒如何严重地危害到人类生活的方方面面，而是列举美国一年之内得过感冒人次的数据，以及为此浪费的工作日、为此花费的医疗费的总数目等数据，有力地说明了感冒这一平常的病症对人类的严重危害性，从而唤起听众对感冒这一被人们习而不察的普通病症的重视。很明显，这种演讲效果是非常好的。

① 转引自陈新良：《演讲入题的几种方法》，《演讲与口才》2001 第 11 期，第 22 页。

九、直面呼告：冯玉祥的真情互动

1938 年夏的一天下午，我和灼南在鲁山城内游走，忽然大街上来了几辆军车，满载官兵，停在街上。从车上下来一位身材高大、虎背熊腰的将军，随从人员大多是佩戴黄色肩章的校官。我一眼认出这将军是冯玉祥，这是我第四次见到他。

次日听说冯玉祥将军要在城里开会，我和灼南即早早到会场等候。鲁山广场东边有个戏楼横额写着"河南省鲁山县军民联欢大会"字样。当时鲁山县的县长是高应笃，他率领县里各机关的头头们先来到会场。台上中间放了一张桌子，西边排列着好些长凳椅子，高县长和各机关头头们都端坐台上，恭候冯将军驾到。

鲁山县的老百姓一听说冯玉祥来开会，男男女女老老少少倾城涌来，各机关、部队、学校的人相继入场。突然，有人喊了一声："立正！"顿时军乐齐鸣、全场肃立。这时，身材魁梧、穿着整齐的冯玉祥将军出现在主席台上，高应笃县长等人赶忙向冯将军行礼让座。冯将军站在台口，环顾四周，又回头看看台上，亲自动手把台上的长凳椅子往台下送。台上的人看到冯将军往台下送长凳椅子，立刻慌了手脚，争先恐后把台上的凳子椅子送到台下，在台前整整齐齐摆了两排。冯将军站在台口对下面说："老先生、老太太们，请你们到前面来，这里有凳子椅子，请你们坐着听……"一些老头老太太被请到凳子椅子上坐着。

一切就绪，司仪请冯副委员长讲话，在热烈的掌声中，冯将军开始演讲：

"各位老先生、老太太、兄弟姐妹们！各位青年学生们！全体官兵兄弟们！你们不是常听说'老冯老冯'的吗？我就是冯玉祥。咱们耳朵里是熟人，眼睛里是生人（他用手还指了指自己的眼睛），从今以后咱们眼睛里也是熟人啦！

我代表国民政府，代表蒋委员长，向抗战前线的河南军民致以亲切的慰问和崇高的敬礼！（他举手行军礼，向全场巡视一周，全场报以热烈的掌声）

同胞们，弟兄们，日本帝国主义多少年来一直是欺侮我们中国的，现在竟敢冒天下之大不韪，把战争打到我们内地来啦！你们说顶天立地的中国人能当亡国奴吗？（台下一片应答声："不能！""不能！"）

不愿当亡国奴，就得抗战，全国上下，团结一致，把日寇打出中国去……

同胞们，弟兄们，我们二十九军有个张连长，在前线浴血抗战，打得日寇鬼哭狼嚎。在一次白刃战中，抡起大刀砍死许多敌人，不料肚子上被敌人戳了一刀，肠子流出一堆。他忍着疼痛，用手把肠子一节一节按进肚里，解下'绑腿带'将伤口束住，再把皮带紧紧扎上，腾地一下站了起来，继续奋战，终将前面的日寇全部消灭。这位张连长不愧是'盘肠大战'的抗日英雄，我们都要学习他这种勇敢杀敌的精神。

抗日，要军民合作共同对敌，军队要爱护老百姓，老百姓要关心军队。官兵弟兄们，你们的父母是什么人？（下面齐声答："老百姓。"）弟兄们，我们都是老百姓的子弟，为了抗日才奔上抗战前线的。要想打走日本帝国主义，一定要爱护老百姓。凡是比你大的，都是你们的父老伯叔、大娘婶子。凡是同年纪的，就是你们的兄弟姐妹。如果欺负老百姓，就是欺负你们自己的父母兄妹，你们说对不对？（下边同声齐应："对！"）

老先生、老太太们，你们的子侄晚辈有没有当兵的？（下边答："有！多得很！"）他们背井离乡为了什么？（下边答:"打日本!")你们的子侄是背着锅、顶着房子上战场的吗?(台下一阵哄笑:"不是!")他们在前线打日本,不能不吃粮、不休息……老先生、老太太们!当兵的如果有不对的,你们要打要骂都可以,同时也是要关心爱护他们,把他们当成自家子弟看待。这样才能军民团结、一致抗日,你们说对不对?"(下边一阵"对!对!"的回答)

这时,"刷刷刷"的大雨下起来了,却没有一个人离场。接着,冯将军又讲下去:

"同胞们!兄弟们!《孝经》上说:'临阵不勇者为之不孝。'我们中华民族是黄帝子孙,决不能受日本鬼子的欺侮而不奋起抗争,我们要誓死保卫祖宗遗留下来的大好河山,保卫我们祖宗的坟墓……

古语说,根深蒂固,枝荣叶茂,泉甘水冽,源远流长,这是我们中华民族的传统精神。年轻人一定要尊敬长上,老一辈也要爱护下一代,尊老爱幼的民族传统要传下去。大家想想,有没有当爹妈的会说:'孩子,你学抽大烟吧!你去为非作歹吧?'(下边一阵哄笑:"没有!")

要打日本就得有好兵。过去人说:'好铁不打钉,好男不当兵。'那是不对的,'国家兴亡,匹夫有责'。今天要抗日,当代的好男儿一定要上战场打日本,当兵是最光荣的神圣职责,所以大家要服从国家法令踊跃从军。

有一次我到德国去考察,半夜里房东老太喊着:'冯先生!冯先生!快开门来,我有好消息告诉你。'我把门一开,房东老太太哈哈大笑地告诉我:'好啦!我们德国恢复了兵役制,这样我的小儿子又有机会入伍从军,为国效力啦!冯先生,你该和我们一道共庆呀!'看看,人家德国的老百姓对保卫祖国是抱什么态度,这很值得我们学习啊!……"

……

雨越下越大,群众的衣服都淋透了,但都不肯走。散

会了，好些老百姓还站在会场目送冯将军离去。我和灼南也跟着这些老百姓一起目送冯将军的背影消失在远处才移动脚步……①

这里所记演讲的将军冯玉祥（1882—1948），字焕章，安徽巢县（今安徽巢湖市）人，是中国现代著名的爱国将领。曾任北洋陆军旅长和师长，陕西、河南督军及陆军检阅使。1924 年发动"北京政变"，将所统率的军队改编为国民军，自任总司令兼第一军军长。1925 年年初电邀孙中山北上主持大局。"九一八事变"后，赞成抗日，反对蒋介石的不抵抗政策和独裁统治。1933 年 5 月与中国共产党合作，在张家口组织察哈尔民众抗日同盟军，任总司令。1935 年冬，任国民党政府军事委员会副委员长。抗日战争爆发后，任第三、第六战区司令长官，后被蒋介石撤职。抗日战争胜利后，继续与中国共产党合作。1946 年出国考察水利。1948 年回国参加新政协筹备工作，乘船途经黑海时不幸遇难。②

上述演讲，是他抗日战争时期任国民党政府军事委员会副委员长时在河南鲁山县向当地群众所作的宣传抗日的讲话。冯玉祥虽是行伍出身，却非常善于演讲。这次演讲不仅感情真挚，生动地讲明了团结起来抗日的道理，而且大量运用了"提问"的方法，成功地实现了演讲中的讲听互动，使演讲气氛非常热烈，宣传鼓动性极强。除此，这篇演讲最引人注目的还有一种被他运用得极其自然巧妙的演讲技巧，效果非常好。这就是"直面呼告"的技巧。演讲一开始，演讲者冯玉祥就直面呼告"各位老先生、老太太、兄弟姐妹们！各位青年学生们！全体官兵兄弟们！"以此一下子就拉近了与听众的距离，显现了一位平易近人、爱民爱兵如子、尊敬长辈如父母的平民将军形象，从心理上就紧紧抓住了听众的心，使听众打心眼儿里乐意听他演讲。接下来的每一段演讲都运用了这一"直面呼

① 王永川：《冯玉祥将军在鲁山的一次演讲》，《演讲与口才》1992 年第 8 期，第 43—44 页。

② 参见《辞海》（1989 年缩印本），上海：上海辞书出版社 1990 年版，第 413 页。

告"策略，或直呼"同胞们，弟兄们"，或直呼"弟兄们"、"官兵弟兄们"、"老太太、老先生们"等，让听众听来十分亲切，情真意切，令人感动。正因为如此，当演讲结束时，虽然天下着大雨，听讲的老百姓还不肯离去。

演讲中"直面呼告"技巧的运用，看上去很平常，但要运用得当却并不容易。可以说，这种技巧的运用要产生效果，完全看演讲者如何适应演讲当时的情景，选择恰切的称呼语来"直面呼告"，运用之妙，存乎一心。下面我们再看几例：

> 某高校礼堂正在进行区人大代表的竞选，参加竞选的三位教师中，两位竞选演讲已经完毕。尽管他们各自慷慨陈词，但并没有引起台下师生太多反响。这时，第三位教师稳步走到台前，站定后稍作停顿，开始了他的竞选演讲："尊敬的各位选民，大家好！"话音未落，台下便报以热烈的掌声，与对前两位的平淡反应形成鲜明对比。接下来一切顺理成章，这位教师以绝对多数当选。
>
> 从实际情况看，第三位教师在学校并不比其他两位更有影响，演讲的内容也没有太大不同。那么是什么使他赢得了人心呢？一位参选同学道出了其中的奥妙："我们许多同学就是冲着'尊敬的各位选民'这个称谓把票投给了他的。"①

这是李国青《"选民"的称谓使我赢得了掌声》一文所讲的一则故事。

这则故事中的三位候选人，参选区人大代表的条件旗鼓相当，为什么结果是第三位教师能胜出而当选呢？这没有别的原因，就是因为第三位教师在运用"直面呼告"技巧时所用的称呼语"尊敬的

---

① 李国青：《"选民"的称谓使我赢得了掌声》，《演讲与口才》2000年第6期，第31页。

各位选民"选择得恰当。因为这是人大代表选举，被选举者这时用
"选民"相称所有的选举人自然是最神圣、最有尊敬意味的。因为
这一称谓语包含着神圣、平等的深刻含义，不管你在学校是校长、
教师，还是学生，在选举人大代表的这一庄严时刻，大家都是平等
的，所以占学校人数最众的学生最易于接受这一称谓语的呼告了，
所以"许多同学就是冲着'尊敬的各位选民'这个称谓"把票投给
那第三位教师。

选举会上的演讲重视"直面呼告"技巧的巧妙运用能产生奇特
的效果，在其他会议上演讲也是如此：

> 会友们，同志们：标志着我们学会生命活力的年会，
> 展现我们学会学术风采的年会，一年仅仅一度难得召开的
> 年会，现在终于召开了，开幕了。而且，是选在喜庆丰收
> 的金秋十月开幕的，是选在"登高山"、"赏菊花"、"观红
> 叶"、"不似春光，胜似春光"的重阳时节开幕的。……

> 同志们，会友们，黄金有价情无价，万水千山总是
> 情。大家久别重逢，促膝话旧，慰离情，敦友谊，因而我
> 们的会又是一个抒友爱之情、抒团结之情的抒情会。人生
> 几见月当头！月到清秋分外明，让我们在这花好月圆的时
> 刻，把这次年会开得比圆月还圆满，比美景还美好吧！

这是河北大学教授、河北修辞学会会长武占坤 1991 年在河北修
辞学会年会上所作的开幕词。

演讲者在演讲的开头和结束部分都运用了"直面呼告"技巧，
选择的是"会友们"和"同志们"，也是非常成功的。因为召开学
术会议的意旨所在就是"以文会友"、"以会聚友"，参加会议的都
是在此学术领域有共同兴趣和学术追求的志同道合的"同志"，所
以在这种会议上演讲用"会友们"、"同志们"直面相呼与会者，自
然是十分恰切的，听来也是非常亲切有味、有力感人的。所以，这
篇演讲词被与会者交口称赞，认为做得好。毕竟演讲者是修辞学

家，知道个中道理。

十、承转见义：厂长的"党票"、"文凭"和"阅历"

> 我，一没有光荣的党票，二没有金灿灿的大学文凭，三没有丰富的阅历——是一个初涉社会的二十五岁的小伙子。你们有百分之百的理由，怀疑我能担当起吉安市水表厂厂长的重任。然而，工友们，请你们细心地想一想：我们吉安市水表厂长期处于瘫痪的边缘，难道是因为你们的历届厂长，没有党票、没有文凭、没有阅历吗？①

这是一名叫蒋华的青年在竞聘江西吉安市水表厂厂长时的一段演讲词。

这位竞选厂长的青年的这段演讲词之所以被人传诵，就是他运用了一种很好的演讲技巧"承转见义"。他先承认自己的劣势，"我，一没有光荣的党票，二没有金灿灿的大学文凭，三没有丰富的阅历——是一个初涉社会的二十五岁的小伙子"，认为大家"有百分之百的理由，怀疑我能担当起吉安市水表厂厂长的重任"。显得诚实、诚恳。接着，突然话锋一转，语义突变，把矛头对准了前几任厂长："请你们细心地想一想：我们吉安市水表厂长期处于瘫痪的边缘，难道是因为你们的历届厂长，没有党票、没有文凭、没有阅历吗？"前面把"党票"、"文凭"、"阅历"当作优势来说，说自己在这些方面处于劣势；后面却又把"党票"、"文凭"、"阅历"当作劣势来说，说前几任厂长都有这三样"法宝"，却把水表厂搞得"长期处于瘫痪的边缘"。由此有力地否认了"党票"、"文凭"、"阅历"三样不是当好厂长的必要条件，从而婉转表达出这样一层意思："我虽没有'党票'、'文凭'、'阅历'，但我有能力，可以

_____
① 转引自李增源：《做好竞职演讲中的"自我推销"》，《演讲与口才》2002 年第 7 期，第 27 页。

改变水表厂的现状，选我是没错的!"看，说得多好! 我想，这人
要是能当上厂长，大概是不会差到哪里去的，起码比他的前几任要
强。因为他既然能说，必定脑子是清楚的。脑子清楚，还能差到哪
里去？

如果竞选厂长是小事，那么竞选总统就是大事了，这种演讲技
巧同样能发挥大作用：

> 马可仕说："治理菲律宾的国家大政，需要有能力、
> 有经验的人才。我们岂能将国家大事付托给一个毫无经验
> 的妇人女子？"他说得也没全错。我的确是欠缺经验，尤
> 其是对于贪污、弄权和暗杀的种种卑鄙手段，我更是毫无
> 经验。在这些方面，我确实比马可仕差得太远啦!①

这是菲律宾前女总统阿基诺夫人竞选总统时的一段演说辞。

这段演讲，演讲者也是运用了"承转见义"的技巧。她先顺着
竞争对手现任总统马可仕的话，承认对方贬低自己："说得也没全
错，我的确欠缺经验。"然后突然语义发生转向，自然而然地说出
了自己想说的话："尤其是对于贪污、弄权和暗杀的种种卑鄙手段，
我更是毫无经验。在这些方面，我确实比马可仕差得太远啦!"一
下子就有力地把对手推下了万丈深渊，真是妙极! 最终，阿基诺夫
人战胜了马可仕，成为菲律宾的女总统。这是有道理的，她有这等
演讲天才，难道还当不了总统？

---

① 转引自沈谦：《修辞学》，台北：台湾空中大学印行1996年版，第6页。

第五章　新颖生动的技巧

演讲，不论是什么样的讲题、什么样的内容，在表达时，演讲者都必须用心揣摸演讲技巧，不能平铺直叙，更不能用理性的语言直截了当地表述自己想说的内容，讲完就算完事。在演讲过程中，为了抓住听众的注意力，唤起听众对演讲内容的兴趣，使其在兴味盎然的情绪中愉快地听完演讲者所演讲的内容，接受演讲者所布达的某种思想或理念，与演讲者达成某种情感或思想的共鸣，适当运用一些能使演讲具有新颖生动效果的演讲技巧是非常必要的。

那么，如何在演讲中造成这种新颖生动的效果呢？也就是说，到底有哪些技巧可以达到这种效果呢？我们根据前人的演讲实践，概括了如下诸种技巧以作读者诸君今后演讲时参考。

一、取譬相成：徐志摩"新鲜人道的种子"

自从 4 月 12 日在上海登岸以来，可怜老人不曾有过一半天完整的休息，旅行的劳顿不必说，单就公开的演讲以及较小集会时的谈话，至少也有了三四十次！他的，我们知道，不是教授们的讲义，不是教士们的讲道，他的心府不是堆积货品的栈房，他的辞令不是教科书的喇叭。他是灵活的泉水，一颗颗颤动的圆珠从他心里兢兢地泛登水面，都是生命的精液；他是瀑布的吼声，在白云间，青林中，石罅里，不住地啸响；他是百灵的歌声，他的欢欣、愤慨，响亮的谐音，弥漫在无际的晴空。但是他是倦了，终夜的狂歌已经耗尽了子规的精力，东方的曙色亦照出他点点的心血染红了蔷薇枝上的白露。

老人是疲乏了。这几天他睡眠也不得安宁。他已经透支了他有限的精力。他差不多是靠散拿吐瑾过日的，他不由得感觉风尘的厌倦，他时常想念他少年时在恒河边沿拍浮的清福，他想望椰树的清荫与曼果的甜瓤。

但他还不仅是身体的惫劳。他也感觉心境的不舒畅。这是很不幸的。我们做主人的只是深深地负歉。他这次来华，不为游历，不为政治，更不为私人的利益，他熬着高年，冒着病体，抛弃自身的事业，备尝行旅的辛苦，他究竟为的是什么？他为的只是一点看不见的情感。说远一点，他的使命是在修补中国与印度两民族间中断千年的桥梁，说近一点，他只想感召我们青年真挚的同情。因为他是信仰生命的，他是尊崇青年的，他是歌颂青春与清晨的，他永远指点着前途的光明。悲悯是当初释迦牟尼证果的动机，悲悯也是泰戈尔先生不辞艰苦的动机。现代的文明只是骇人的浪费，贪淫与残暴，自私与自大，相猜与相忌，飓风似的倾覆了人道的平衡，产生了巨大的毁灭。芜秽的心田里只是误解的蔓草，毒害同情的种子，更没有收成的希冀。在这个荒惨的境地里，难得少数的丈夫，不怕阻难，不怕馁怯，肩上扛着铲除误解的大锄，口袋里满装着新鲜人道的种子，不问天时是阴是雨是晴，不问是早晨是黄昏是黑夜，他只是努力地工作，清理一方泥土，施殖一方生命，同时唱着嘹亮的新歌，鼓舞在黑暗中将次透露的萌芽，泰戈尔先生就是这少数中的一个。他是来广布同情的，他是来消除成见的。

这是徐志摩一篇演讲的片断，内容是颂扬泰戈尔的。

泰戈尔（Rabindranath Tagore，1861—1941），印度著名作家、诗人、社会活动家，著有诗集《吉檀迦利》、《新月集》、《园丁集》、《飞鸟集》等，另有小说集等其他作品。他的作品表现出对英国殖民统治下的下层人民的悲惨生活和妇女的痛苦处境的同情，谴责封建和种姓制度，描写帝国主义者和官僚的专横，同时也反映资产阶级民主思想与正统的印度教的冲突。所作歌曲《人民的意志》，1950 年被定为印度国歌。因为创作成就的突出与广泛影响，1913 年获得诺贝尔文学奖。①

　　1924 年 4 月 12 日，泰戈尔首次应邀来华访问，徐志摩、瞿菊农、张君劢、郑振铎等人在上海汇山码头迎接。这次访问，泰戈尔受到了梁启超、徐志摩等一班文化名流的热烈欢迎与隆重接待，却遭到了许多"热血沸腾的爱国青年的奚落冷遇和左翼文化战士的批评反对"，如鲁迅、郭沫若、茅盾等人都是表示反对的，以致泰戈尔感到很难堪，甚至托病取消了最后的三次演讲。之所以会有如此尴尬情形发生，原因是多方面的。"当然，首先是泰戈尔自己。泰戈尔虽然时时处处都在强调自己的诗人身份，但说起话来却又总是不忘宣扬印度文化中重精神反科学的哲理思想，不忘宣扬他那用非暴烈去制服暴烈的政治说教，因而，硬是把一次学术交流的来访变成了政治色彩浓厚的民间外交活动。那时的中国青年、爱国之士，眼看外忧内患，思想自然激烈。他们听泰戈尔的言论，认定了就是一种亡国奴的哲学。泰戈尔宣扬要有超卓的精神和高尚的人格，这本来也不是坏事。但在那时，人们认为，当今的世界就是强权等于公理的世界，这种精神和人格又有什么用处？相反，只会把中国推向灭亡。人们听泰戈尔说教，几乎会引起一种本能的反感。何况，泰戈尔在华，还拜访了陈三立、溥仪、齐燮元等人，那都是旧秩序、旧势力的代表。这当然也引起了人们的反感。"② 而诗哲徐志摩在泰戈尔访华时所度过的 48 个日日夜夜，"不仅充当翻译、秘书、导游，还作为他的中国大弟子，为他的演讲作疏解。比如，1924 年 5 月 1 日，在庐山小天池，徐志摩翻译讲演稿后，还写了一份二千六七百字的《附述》，除了宣扬泰戈尔的演讲能让听众依偎着他那清风似的音调在那株幻术的大树下乘着凉、歇着，忘却了在他们周

---

① 参见《辞海》（1989 缩印本），上海：上海辞书出版社 1990 年版，第 1823 页。
② 赵遐秋：《徐志摩传》，北京：中国人民大学出版社 1989 年版，第 139 页。

围扰攘的世界，就是疏解泰戈尔的演说内容。徐志摩要告诉大家，泰戈尔是如何如何怕我们沾染实利金钱主义与机械文明的庸凡与丑恶，如何如何怕我们丧失了固有的悠闲的生活与美好的本能，如何如何申说我们能凭美的原质变化我们的生活；告诉大家，泰戈尔的演说，如何如何是讽不是谏，是惆怅不是恚愤，是诉不是忤，是初夏黄昏时星光下柔软的微风，不是囊括砂土的怒氛等"①。

上述的演讲词，也是为泰戈尔辩护的，且是极力的歌颂。虽然我们客观地说，演讲者徐志摩的说法未必都有道理，但是从演讲的角度来看，这篇演讲是成功的，是感人的。因为他运用了"取譬相成"的比喻技巧，以诸如"他的心府不是堆积货品的栈房，他的辞令不是教科书的喇叭。他是灵活的泉水，一颗颗颤动的圆珠从他心里兢兢地泛登水面，都是生命的精液；他是瀑布的吼声，在白云间，青林中，石罅里，不住地啸响；他是百灵的歌声，他的欢欣、愤慨，响亮的谐音，弥漫在无际的晴空。但是他是倦了，终夜的狂歌已经耗尽了子规的精力，东方的曙色亦照出他点点的心血染红了蔷薇枝上的白露"，"芜秽的心田里只是误解的蔓草，毒害同情的种子，更没有收成的希冀。在这个荒惨的境地里，难得少数的丈夫，不怕阻难，不怕馁怯，肩上扛着铲除误解的大锄，口袋里满装着新鲜人道的种子，不问天时是阴是雨是晴，不问是早晨是黄昏是黑夜，他只是努力地工作，清理一方泥土，施殖一方生命，同时唱着嘹亮的新歌，鼓舞在黑暗中将次透露的萌芽"之类的华辞美语作比，盛辞礼赞了泰戈尔心灵的博大、思想境界的崇高和凛凛然不可干犯的人格威仪，虽然有些夸张失实，带有浓厚的个人主观感情色彩，却以新颖生动的表达给听众以一种深刻难忘的印象，使其深受演讲词强烈情感的感染，从而达成与自己情感思想的共鸣，由此从心灵深处崇拜泰戈尔的思想、人格。

因为"取譬相成"的比喻技巧有新颖生动的特点，可以有效地提高演讲的效果，因此这种技巧在各种演讲中都会常常被使用：

---

① 赵遐秋：《徐志摩传》，北京：中国人民大学出版社1989年版，第141页。

联想集团培养人的第一个方法叫做"缝鞋垫与做西服"。什么意思呢？就是培养一个战略型人才和培养一个优秀的裁缝有相同的道理，我们不能一开始就给他一块上等毛料去做西服，而是应该让他从缝鞋垫做起，鞋垫做好了再做短裤，然后再做一般的裤子、衬衣，最后，才是做西服。①

这是联想集团总裁柳传志在一次演讲中所说的一段话，也是运用了"取譬相成"的比喻技巧。

演讲者柳传志将联想集团培养人才分为两步走的方法比作是"缝鞋垫"与"做西服"，即让被培养的人才从基层实际工作做起，经过实际工作的锻炼而取得了工作经验，增加了应对复杂工作的能力与经验后再做高层的企业领导决策工作。这种比喻的说法，既形象生动地说明了联想集团培养人才战略的独特方法与用人理念，又使听众听来兴趣盎然，对其演讲留下了深刻印象。

二、创意造言：启功"我哪儿乖啊？"

1995年11月的一天，来自北京科研单位、大学、出版社的学者，数十人汇聚在北京师范大学英东楼，讨论启功先生的新著《汉语现象论丛》。这些语言学界、古代文史学界、文化研究界的学者们对启功先生这部别开生面的著作从具体学术观点到治学思路以及研究方法论上的意义给予高度肯定。讨论结束前，一直正襟危坐、凝神倾听的启先生从座位上站起来，准备讲话。大家屏住呼吸，静听着他会说些什么。

① 转引自廖济忠：《演讲观点表述的几种新方法》，《演讲与口才》1999年第5期，第30页。

　　启先生微躬身子，表情很认真地说："我内侄的孩子小的时候，他的一个同学常跟他一块上家里来玩。有时，我嫌他们闹，就跟他们说，你们出去玩吧，乖，啊！如此几次，终于有一天，我听见他俩出去，那个孩子边下楼边很有些不解地问，那个老头儿老说我们乖，我们哪儿乖啊？今天上午听了各位的发言，给我的感觉我就像那小孩，我不禁要问一声，我哪儿乖啊？"

　　听完这"卒章显其志"的最后一句，静静的会场里突然爆发出一阵欢笑，伴随着热烈的掌声。①

　　这是闻隶辑录的《启功先生妙语表谦虚》一文所记载的一则故事。

　　启功的这段讲话何以能使"静静的会场里突然爆发出一阵欢笑，伴随着热烈的掌声"呢？这是启功演讲时运用了一种"创意造言"的技巧，通过讲述自己临时编造的一个小孩子无故被人说乖的故事，巧妙地表达了这样一层意思：其实我的这本《汉语现象论丛》并没有各位说的那么好，在学术上没有那么大的价值，只是大家爱护我，所以才说了这么多好话，目的在于让我这个老头子开心。但是，这层意思启功没有用直接的语言说出来，而是通过讲一个故事的方法，将这层意思包含在其中，表达婉转，又富有幽默的机趣，所以与会者才会"欢笑"、"鼓掌"。如果直话直说，大家一定很尴尬，情感上受不了：我们说了这么多好话，这只是一种好意，想让您开心，您何必说破大家心理，让我们无地自容呢？由于演讲者启功说话富有技巧，意思表达到了，又表示了自己谦虚的态度，还感谢了大家的好意，大家心照不宣，都觉得非常愉快。这就是演讲者这番话所富有的独特魅力所在。

---

① 闻隶：《启功先生妙语表谦虚》，《演讲与口才》1997 年第 9 期，第 48 页。

三、析词衍义：陈毅"将日本鬼子的军"

抗日战争时期，陈毅率领抗日游击队打日寇。有一次，部队在浙江开化县华埠镇休整，有一抗日群众组织请陈毅讲话，司仪主持会议时说"今天请一位将军给大家讲话"。陈毅同志这样开场："我姓陈，耳东陈的陈；名毅，毅力的毅。称我将军，我不敢当，现在我还不是将军。但称我将军也可以，我是受全国老百姓的委托去将日本鬼子的军。这一将，一直到把它们将死为止。"话音刚落，爆发出雷鸣般的掌声。①

这段文字，记述的是抗日战争时期陈毅演讲的故事。

演讲者陈毅对于主持会议的司仪介绍他为将军的称谓先是矢口否认，说"称我将军，我不敢当"。正当听众以为他真要谦虚时，他却突然话锋一转，说："但称我将军也可以，我是受全国老百姓的委托去将日本鬼子的军。这一将，一直到把它们将死为止。"结果引得全场"爆发出雷鸣般的掌声"。

那么，为什么呢？这是演讲者陈毅善于运用"析词衍义"的技巧，通过在特定语境下离析汉语双音节词"将军"一词，将动宾结构的双音节词拆开，中间插入其他成分，从而衍演出新的语义，这样，表达上既有新颖独到之处，又显得生动而幽默，所以才能引得"雷鸣般的掌声"。

由于"析词衍义"的技巧对提高演讲的表达效果有直接的作用，因此，很多演讲者都非常重视对这一演讲技巧的运用。又如：

诸君！你们都知道中国现在是个"民国"。什么叫做

---

① 转引自郭敏、秦豪：《让即兴演讲开场白"兴味"十足》，《演讲与口才》2001年第11期，第26页。

"民国"？就是这个国是"民"的国；为"民"而立的国；
也就是"民"所立的国；换句话说，就是"民有"的，
"民享"的，"民治"的意思。"民"是谁？就是我们"老
百姓"们。但是这些大多数的"老百姓"们在哪里？（傅
葆琛《为什么要办乡村平民教育》)①

上引这段文字，是中国近代教育史上著名的爱国民主教育家傅
葆琛在 1924 年 11 月所作的一次演讲的开头语。

众所周知，"民国"是指孙中山先生亲手缔造的"中华民国"。
"民国"一词的含义谁都明白，"民国"作为现代汉语的一个词，在
语法结构上是属于"偏正结构"的双音节词，语义不必逐个语素加
以解说。但是演讲者傅葆琛却将"民国"一词离析开来，加以推衍
说："什么叫做'民国'？就是这个国是'民'的国；为'民'而
立的国；也就是'民'所立的国；换句话说，就是'民有'的，
'民享'的，'民治'的意思。'民'是谁？就是我们'老百姓'
们。但是这些大多数的'老百姓'们在哪里？"这是在"析词衍
义"，借"民国"一词的离析，来阐明自己的观点："民国的宗旨就
是国家是为民而立，国家权力为民所有，国家应该由民来治理。既
然是这个宗旨，国民就应该享有平等的教育权，特别是乡村平民教
育就应该得到重视。"但是演讲者并没有这样直接理性地说明，而
是通过"析词衍义"的技巧将这层意思表达出来，这样就显得新颖
生动，易于为听众接受，从而加深听众对其演讲内容的理解与印象。

四、示现复真：一百多年前的圆明园火焰

火光冲天，浓烟四起，圆明园上空的烟团经风一吹，
从 20 多里之外吹到北京城里，灰烬落到了城内的街巷，烟

---

① 转引自陈尚荣：《演讲者：张嘴就要"抓"住听众》，《演讲与口才》2002 年 3
期，第 31 页。

　　雾笼罩着整个北京城的上空，天光暗淡，就像日蚀一般！圆明园的大火整整烧了三天两夜，就这样，经五代帝王经营了 151 年，用无数劳动人民血汗建成的"万园之园"变成一片残垣断柱的废墟了……（刘德义《在圆明园遗址前的演讲》①）

　　众所周知，圆明园是中国古代的名园，也是清代的四大名园之一，始建于清康熙四十八年（1709），是环绕福海的圆明园、万春园、长春园等三园的总称，遗址在今北京市西郊海淀附近。全园周约十余千米，凿湖堆山，种植奇花异木，罗列国内外名胜四十景，共有建筑物 145 处。其中除了具有独创形式的庭园建筑外，长春园中还有海晏堂、远瀛观等西洋风格的建筑群。并利用长廊、墙垣、桥梁与自然景物相联系，因此艺术价值极高，被誉为"万园之园"。1856—1860 年，英法联合发动侵略中国的第二次鸦片战争。1860 年9 月，英法联军侵入北京，咸丰皇帝逃往热河。英法联军攻入北京后，对圆明园大肆劫掠，园中珍物被洗劫一空后，又纵火将园焚毁。②

　　这篇《圆明园遗址前的演讲》的演讲者并没有亲见 100 多年前英法侵略者焚毁圆明园的那场大火，但是他却以上述的文字将那场大火的情状叙说得活灵活现，仿佛就呈现于我们眼前。那么，这是不是演讲者违反了语言表达的逻辑性？不是！这只是一种表达的策略，属于"示现复真"的修辞技巧。所谓"示现复真"，就是将表达者并未亲见亲闻的事说得如同亲见亲闻一样的一种修辞手法，它大略可分为三种情况：一是将过去发生的事情说得就如同发生在眼前一样，这叫"追述示现"；二是将未来可能发生的事叙述得如同眼前发生一样，这叫"预言示现"；三是将事实上不可能发生的事通过联想想象说得如同亲见亲闻一样，这叫"悬想示现"。③ 上述演

① 转引自陈少松：《想象在演讲中的运用》，《演讲与口才》1997 年第 8 期，第 30 页。
② 参见《辞海》（1989 年缩印本），上海：上海辞书出版社 1990 年版，第 877 页。
③ 参见陈望道：《修辞学发凡》，上海：上海教育出版社 1997 年版，第 124 页。

讲对圆明园被焚的叙述，运用的则是"追述示现"法。这一表达技巧的运用，让听众如同亲历侵略者焚毁圆明园的现场火景。表达的生动形象性，使演讲带给听众一种真切的切肤之痛，让人永志难忘，从而激发起听众强烈的爱国情感，加深对"落后就要挨打"这一道理的深刻认识。

"示现复真"的技巧能使演讲带给听众如临其境、如见其人、如闻其声的效果，有生动、形象、逼真的效果，因此往往能够激发出听众的想象力，使演讲富有鼓动性。因此，这种技巧常常为演讲者所运用，中外皆然：

> 这场战争究竟会带来多么大的灾祸，竟使我们现在就怕得浑身发抖呢？我和你们一样：不容忍飞机狂轰滥炸我的家园，不愿遭受到可怕的芥子气而痛苦地离开人间。在我的眼前仿佛看到了街道上躺着横七竖八的尸体，还有那痛哭着寻找爸爸妈妈的孩子，和双手紧紧地抱着婴儿而已经死去的母亲，这就是现代战争的情景。……伦敦可能被毁灭；巴黎、罗马、柏林、维也纳和君士坦丁可能会躺在烟雾弥漫的废墟里。妇女们和孩子们在发出最后一声惨叫后便静静地死去。①

这是英国大作家萧伯纳于 1937 年 11 月所发表的反战广播演说的开头语，一开始就紧紧抓住了听众的心，使听众激发出强烈的反战情绪与厌恶战争的情感。这等效果的取得，也是缘于演讲者萧伯纳运用了"示现复真"的技巧所致。将 20 世纪 30 年代开始引发的第二次世界大战对人类的危害及战争可能造成的惨状叙述得如同就在眼前，让人不寒而栗，从而激发起听众强烈的反战情绪，由此鼓动听众起而反对德、意、日等法西斯国家在世界范围内所发动的侵

---

① 转引自李增源：《如何在"渲染"中提高演讲的艺术表现力》，《演讲与口才》2002 年第 10 期，第 26 页。

略战争，维护人类和平生存与发展的环境。

五、析字述情：梁启超为泰戈尔取名

泰戈尔访华的高潮，是民国十三年五月八日，适逢六十四岁华诞，北京文化界为他祝寿，梁启超（1873—1929）任主席，胡适致词，并由徐志摩、林徽因等演出泰氏的短剧"屈忑拉"助兴。泰戈尔最大的收获，是要梁启超替他取了一个中国名字——竺震旦。"竺"代表印度，印度古称"天竺"；"震旦"代表中国，从前印度人称中国为震旦（支那的音译）。梁启超用泰戈尔的中国名字联系了两大文明，并发表两分钟的即席演说：

"从阴雾霾霾的状态中霍然一震，万象昭苏，刚在扶桑浴过的丽日，从地平线上涌现出来（旦字末笔代表地平线），这是何等境界。泰戈尔原文正合这两种意义，把它意译成震旦两字，再好没有了。从前自汉至晋的西来古德，都有中国姓名，大半以所来之国为姓，从天竺——印度来的都姓竺，如竺法兰、竺佛念、竺法护都是历史上有功于文化的人。今天我们所敬爱的天竺诗人在他所爱的震旦地方过他六十四岁的生日，我用极诚恳、极喜悦的心情，将两个国名联起来，赠给他一个新名叫'竺震旦'。"（沈谦《梁启超为泰戈尔取名》）①

1924 年 4 月，印度诗人泰戈尔访华，不仅受到了梁启超等一班文化界名流的隆重接待，而且梁启超等人还给泰戈尔 64 岁生日举办了一个庆祝会。在会上，梁启超赠送了泰戈尔一个新名"竺震旦"。为此新名，梁启超还作了两分钟的即席演讲。其中最令人传诵的是

---

① 载沈谦：《林语堂与萧伯纳：看文人的妙语生花》，台北：台湾九歌出版社 1999年版，第18—19 页。

他对这个新名的解说："从阴雾霾霾的状态中春然一震，万象昭苏，刚在扶桑浴过的丽日，从地平线上涌现出来，这是何等境界。泰戈尔原文正合这两种意义，把它意译成震旦两字，再好没有了。"

梁启超的这番话之所以生动，是因为运用了汉语特有的"析字"修辞技巧，利用汉字"旦"的形体形象来对"旦"的含义进行了发挥。学过古文字学的人都知道，汉字"旦"是个指事字（"六书"之一。"六书"指汉字的六种造字方法），上面是个"日"，小篆的写法就是一个圆，中间加一点，描绘太阳的形象。"日"下面的"一"，是表示"地平线"。所以"旦"字在汉语的初始意义是从地平线跃起的朝日。梁启超是个饱学之士，利用汉字"旦"字的形体特征与初始含义做文章，引申发挥，于是有上述一番充满文采与学问的演讲，既新颖生动，又展露了中国文化的博大精深，同时还一展自己的才学，演讲的优雅与文人聚会的氛围相协调，自然能够产生极好的效果。

六、说典寓意：贾平凹回忆梁武帝

文学毕竟不等于政治和宗教。有人说上帝用两只手统治世界，一是耶稣，一是魔鬼，而扮演耶稣的人很多，如道德家、科学家、宗教家，那么扮演魔鬼的角色呢？恐怕只有文学艺术吧。文学艺术可以扮演耶稣，但满街是圣人的时候，能扮演魔鬼的却只有文学艺术。

吃吧，吃了饭再吃苦瓜，夏天时吃苦瓜下火。《美文》发行量月前能达到这个数上，高兴是应该的，但也没有必要太得意，现在还不是大自在的时候。镇江的北固山是个小山，山上有块碑上写着"天下第一山"，那是历史上的一个小朝廷梁武帝写的，他没见过大世面，写那么六个字，活该让人嗤笑千百年！（贾平凹《〈美文〉四年编辑部午餐桌上的谈话》①）

---

① 转引自贾志敏：《在演讲中创设一个美的艺术境界》，《演讲与口才》1998 年第 7 期，第 27 页。

　　我们都知道，现在的纯文学期刊发行非常困难，很多纯文学期刊纷纷停刊。原因很简单，现在是商品经济时代，竞争日益激烈，绝大多数的芸芸众生都在为生计而奔波不迭，哪有闲情逸致去读什么纯文学期刊。再说，现在是"e时代"，大家要过精神生活或作休闲消遣，去处多了去了。可以上咖啡馆、上电影院，或看电视，年轻一族则去上网，在网上冲浪更是其乐无穷。再说，现在的人都没有几个有耐性，都喜欢文化快餐。即使是在火车或飞机上，百无聊赖，大家多数也是去看什么《法制报》等能猎奇的社会新闻，或看什么笑话集。年轻人不分男女都在用手机上网，或玩 iPad，就连"菜鸟"也会用手机收发短信，调情打趣，其乐无比。只有极少数纯情的文学爱好者，还会去买什么纯文学期刊抱着读。正因为"时代不同了"，所以"文学也不行了"。纯文学期刊发行量上不去，那就不能赚钱，不能赚钱就得关门停刊。

　　众所周知，贾平凹所办的《美文》杂志是一本纯文学期刊，自然不可能大发利市的，尽管影响较好，但也不可能再有什么轰动效应的发行量了。所以，他在上述《〈美文〉四年编辑部午餐桌上的谈话》中说："《美文》发行量月前能达到这个数上，高兴是应该的，但也没有必要太得意，现在还不是大自在的时候。"目的是告诫《美文》编辑部同仁，现在虽然发行形势还不错，但不能盲目乐观，要有危机意识，因为市场前景并不美妙。为了加深同事们对他这番话的理解与印象，他运用"说典寓意"的技巧，通过叙说南朝梁武帝因为不了解天下大势，没见过外面的世界，自以为自己小朝廷辖下的镇江北固山那样的小土丘就是了不得了，并欣然命笔而题"天下第一山"的御墨，以致被天下人嘲笑，为后代人所讥。由此故事，演讲者就将其所要表达的"形势不容乐观，同仁尚需努力，切不可坐井观天，搞得刊物生命终结"之意生动形象地传达出来了，不仅幽默风趣，而且耐人寻味、发人深省。不愧是作家，笔行，嘴巴也很行！

七、即事类比：鲁迅的"汽车与文学"

这一年多，我不很向青年诸君说什么话了，因为革命以来，言论的路很窄小，不是过激，便是反动，于大家都无益处。这一次回到北平，几位旧识的人要我到这里来讲几句，情不可却，只好来讲几句。但因为种种琐事，终于没有想定究竟来讲什么——连题目也没有。

那题目，原是想在车上拟定的，但因为道路坏，汽车颠起来有尺多高，无从想起。我于是偶然感到，外来的东西，单取一件，是不行的，有汽车也须有好道路，一切事总免不掉环境的影响。文学——在中国的所谓新文学，所谓文学革命，也如此。（鲁迅《现今的新文学的概观》）

这是鲁迅 1929 年 5 月 22 日在燕京大学国文学会所作的一篇演讲的开头部分（全文最初发表于 1929 年 5 月 25 日北平《未名》半月刊第二卷第八期）。

学过文学的人都知道这样一句话："一个时代有一个时代的文学。"这话说得大体是不差的，比方说，在中国文学史上，盛唐时代有一个突出的文学现象，那就是边塞诗特别发达，出了很多著名的边塞诗人，诸如高适、岑参、王昌龄、李颀、王之涣、王翰、崔颢、刘湾、张谓等，都是在中国文学史上留下盛名的。他们的很多诗篇特别是有些名句在中国历代都是家喻户晓、妇孺出口便能成诵的。如高适的"战士军前半死生，美人帐下犹歌舞"、"君不见沙场征战苦，至今犹忆李将军"（《燕歌行》）；岑参的"北风卷地白草折，胡天八月即飞雪。忽如一夜春风来，千树万树梨花开。散入珠帘湿罗幕，狐裘不暖锦衾薄；将军角弓不得控，都护铁衣冷难着。瀚海阑干百丈冰，愁云惨淡万里凝，中军置酒饮归客，胡琴琵琶与羌笛。纷纷暮雪下辕门，风掣红旗冻不翻。轮台东门送君去，去时雪满天山路。山回路转不见君，雪上空留马行处"（《白雪歌送武判

官归京》）；王昌龄的"秦时明月汉时关，万里长征人未还。但使龙
城飞将在，不教胡马度阴山"（《出塞》）；王翰的"葡萄美酒夜光
杯，欲饮琵琶马上催。醉卧沙场君莫笑，古来征战几人回"（《凉州
词》）等，或反映军中生活苦乐不均的黑暗现实，或写边塞和平宁
静而苦寒的异域生活情景，或写士兵们希望朝廷任人得当、边塞巩
固而广大士兵能过上和平生活的共同愿望，或是写将军被催又要上
战场时的复杂心态与深切的感伤。这些名诗的创作，如果没有盛唐
时代那种不断开疆拓土、战争频繁的时代背景与现实环境，也就不
会产生。因此，文学界还有一句话，叫作"文学是现实生活的一面
镜子"。

　　20 世纪 20 年代末的中国，是军阀混战、民不聊生的时代。在
此现实社会环境中，发展中国的新文学所面临的艰难由想可知。为
了说明当时新文学发展的艰难处境，演讲者鲁迅没有直接说"在这
军阀混战，生灵涂炭，时局混乱的时代，要想发展新文学是很艰难
的，因为现实环境不利于新文学的发展"，而是以自己来演讲的路
上遭遇"道路坏，汽车颠起尺多高"的事实说开去，巧妙地以"有
汽车也须有好道路"来说明"要发展好中国的新文学需要有好的社
会现实环境"的道理，即事类比，新颖生动，不仅形象地说明了新
文学发展与时代环境的关系，而且自然高妙地将话题切入演讲的主
题上，从一开始就吸引了听众的注意力，抓住了听众的心，从而使
听众更易于集中注意力听完他的全部演讲内容。

八、回环反衬：丑星自嘲悦观众

　　前不久，中央电视台举办的"金话筒之夜"文艺晚
会，凌峰又应邀参加。
　　当主持人介绍凌峰上台时，只见凌峰满脸含笑，诙谐
地说："很高兴又见到了你们，很不幸你们又见到了我！"
两句开场白，不但赢得了阵阵掌声，而且与观众之间的陌

生感不复存在。①

　　现在是娱乐大发展的时代，电视在人们娱乐生活中所扮演的角色更加突出。由此，各种电视节目主持人的地位也就相形突出而引人关注了。我们都知道，电视节目主持人的角色定位就是说话。但是，说话并不简单，不能随便说，要说得有水平，说出的话要产生画龙点睛的作用，从而将所要主持的节目内容巧妙地串联起来，使整个节目如行云流水一般，自然而高妙。如果是以娱乐为目标的节目，节目主持人说的话特别是开场白尤其要有水平，要能一下子抓住观众的心，否则在这任何事情都可以自由选择的年代，又是电视节目无比纷纭多彩的时代，观众就会"换频道"。因此，要想观众看你主持的节目，那就要看主持人的嘴上功夫了。

　　上述故事中的台湾著名艺人凌峰，别看他长得又老又丑，可他的嘴上功夫好生了得！他往往是一上场，几句开场白就能把观众给镇住，让你对他主持的节目有兴趣，从而产生一种非看下去不可的欲望。这次他主持中央电视台举办的"金话筒之夜"文艺晚会，这可是专给全国电视、广播的主持人"名嘴"发"嘴巴优胜奖"的晚会，在这种晚会上主持节目或者讲话，那就非得说得好、说得妙不可。事实上，凌峰没有辜负观众的希望，确实说得好："很高兴又见到了你们，很不幸你们又见到了我！"这是通过"回环反衬"的技巧，将"我"与"你们"作一种语序上的回环，前一句的主语是"我"（说话时省略），宾语是"你们"；后一种主语是"你们"，宾语是"我"。这样，就在结构形式上造成一种回环往复的情趣，新颖生动。同时，在意义上，前一种是恭维观众，表达自己对见到观众的高兴之情；后一句则通过贬低自己、调笑自己来取悦观众，以自我解嘲的方法引发幽默风趣的演讲效果。所以开场两句就取得了"不但赢得了阵阵掌声，而且与观众之间的陌生感不复存在"的独特效果。

---

　　① 李群：《凌峰的"自嘲"》，《演讲与口才》1992 年第 9 期，第 36 页。

第六章　幽默风趣的技巧

西方有句谚语，叫作"一个小丑进城，胜过一打医生"。西方人注重幽默的心理可以想见。西方人注重幽默是非常有名的，其实，中国人也很喜欢幽默（林语堂曾说，中国人没有幽默，只有滑稽。是不是这样，我觉得大家还是可以讨论的，不同的民族有不同的文化背景，也有自己不同的思想表达方法）。中国有句老话，叫作"笑一笑，十年少；愁一愁，白了头"，不正证明中国人也是喜欢幽默的吗？众所周知，在中国历史上，中国人所遭受的苦难是有点历史常识的人都知道的，苦难中的人更需要心灵的慰藉，那么中国人对于"笑"的追求自然也就是情理中的事了。因为人生有苦难，生活有艰难，心中有苦闷，情感有难堪，所以只能通过"笑"来释放心中的情感郁积能量，让心理获得暂时的平衡，鼓起勇气重新面对生活，直面人生，否则"愁一愁，白了头"又于事何补呢？

正因为人生需要幽默，人们喜欢幽默风趣，希望能通过笑来获取情感的愉悦与心灵的慰藉，所以幽默风趣的语言，无论在何时何地，无论是面对何人，都是广受欢迎的。演讲作为一种面向公众的说话活动，自然也不例外。我们都知道，演讲是一件郑重其事、非常严肃的事，因此演讲者一般都是想通过演讲向听众布达某种思想理念，说明某种道理，传达某种情感的。但是，演讲者的这种想法不是一厢情愿就能达到的，而需要听众配合，需要他们认真听讲并能从情感上认同接受，演讲目标才能实现。为此，演讲者首先就必须抓住听众的心，唤起并聚拢听众的注意力。而要达到这个目标，演讲者就得演讲得好，让听众佩服，让听众觉得愉快。因此，演讲中注重幽默风趣的技巧，也就显得十分重要了。

那么，怎样才能使演讲具有幽默风趣的效果呢？也就是说，有哪些技巧可以实现这一目标呢？下面我们通过总结前人成功的演讲实践经验，归纳出如下几种方法，向读者诸君作一介绍，希望能对大家的演讲实践起有某种指导或启发作用。

一、错位联姻：胡适"替将来捏造掌故"

> 我非常感谢台湾省文献委员会及台北市、基隆市、台北县、桃园县、新竹县、宜兰县等文献委员会的各位先生给我参加这样一个盛大的聚会。不过说到欢迎，我实在不敢当。刚才黄（纯青）先生要我对修志问题表示意见，台湾省文献委员会等七个机构却是做征文考献工作的，他们在台湾省各地保留资料，搜集资料，整理资料，以编修台湾省通志及各县市的方志，这是一件大工作，要我表示意见实在不敢当。……
>
> 不过黄先生说我是台湾人，的确台湾是我的第二故乡，幼年时我曾在台湾住过一年又十个月。这次我到台南、台东等地，种了一株榕树，两株樟树，据说这两种树都有很长的寿命，将来长大了，也许有一个小小掌故的地位，也可以说替将来的台湾文献捏造一些掌故。（胡适《搜集史料重于修史》）

这是胡适 1953 年 1 月 6 日在台湾省文献委员会欢迎会上所作演讲的一段。

我们都知道，大凡世人都有一种崇拜名人的心理。在中国，往往有这样一种现象，某人出名了，就有很多地方争着说某人是他们家乡的人，于是就会发生名人籍贯之争。这个现象大家在很多媒体上或日常生活中都是经常碰到的，已觉稀松平常了。胡适是中国现代史上的著名人物，自然所到之处要受到人们的礼遇恭维了。胡适 1891 年 12 月 17 日出生于上海大东门外。其父胡传（1841—1895）为淞沪厘卡总巡。1892 年 3 月，胡传被调赴台湾，胡适随母移居上海川沙县。1893 年 4 月，胡适随母到台湾，在台湾生活了一年零十个月。① 正因为如此，台湾省文献委员会的黄纯青在邀请他演讲前介绍胡适是台湾人，这是在套近乎呢！这就是中国人的特点。黄纯青身为台湾省文献委员会的主事人，要胡适就编修台湾省通志问题发表演讲，自然要说胡适是台湾人，这也是为了表示亲近亲切。为了呼应黄纯青的介绍，胡适就于演讲的开始简要地介绍了自己与台湾的渊源，说台湾是自己的第二故乡。为了活跃演讲气氛，胡适在说到自己这次到台南、台东等地的活动时，专门介绍自己"种了一株榕树，两株樟树"的事，并借机发挥说："据说这两种树都有很长的寿命，将来长大了，也许有一个小小掌故的地位，也可以说替将来的台湾文献捏造一些掌故。"这是有意在制造幽默，令听众愉悦。

　　为什么这话能制造幽默、令听众愉悦呢？这是因为演讲者胡适这里运用了一种"错位联姻"的技巧，通过临时改易"捏造"和"掌故"两词的常规搭配关系，突破听众的心理预期，从而令人有出乎意料之感，由此产生了幽默风趣。因为我们知道，"捏造"一词的词义是"假造事实"，是个贬义词；"掌故"的词义是"历史上的人物事迹、制度沿革等"②，是个中性词，带有正规、严肃的色彩。一般说来，按照正常的逻辑与语法规范，"捏造"一般常与"事实"、"罪名"等词搭配，说成"捏造事实"、"捏造罪名"等；"掌故"一般常与"讲解"、"述说"配合使用，如说"老师为学生讲解掌故"，"他为我述说了很多有关清朝的文人掌故"等。"掌故"因为涉及历史人物与事实、制度沿革等严肃的内容，只能"讲"、只能"述"，绝不可"编"，更不能无中生有地"捏造"。而胡适作为一个有"考据癖"的大学者，在演讲"搜集史料重于修史"这样的严肃题目时，却要"替历史捏造掌故"，这就大大突破了听众的心理预期，令人始料不及、大跌眼镜，由此让人不禁哑然失笑，幽

---

　　① 沈卫威：《无地自由—胡适传》，《胡适年谱简编》，上海：上海文艺出版社 1995 年版，第 471 页附录。

　　② 《现代汉语词典》（修订本），北京：商务印书馆 1997 年版，第 1587 页。

默机趣的效果油然而生。同时，这话还别含一层语意：即是说自己算不得名人，自己早年生活在台湾一段时间也算不得是名人掌故，表现了自己的谦虚作风。因此，这句话实际上是说得非常高妙的。

二、设疑引歧：毛泽东的"肚先生"

抗日战争时期，各地爱国青年历尽千辛万苦，纷纷来到延安。可到了延安不久，就被派往其他地方，不少人想不通，发牢骚。

毛泽东到"抗大"讲课，谈到这个问题时，他笑着说："最近几天，不少人给中央写信说，我们好不容易来到党中央身边，怎么一到就叫离开呢？我说对呀，中央许多同志也很同情这些同志的想法。但是，就有那么一个人不同意，整天叽里咕噜的。这个人是谁呢？"

说到这里，毛泽东停了一会儿。大家面面相觑，猜不出"这个人"是谁。这时，毛泽东幽默地指着自己的肚子说："这个人就是'肚先生'，也就是我们的肚子啰！"

话音未落，已是哄堂大笑。当时，延安供应日益增多人员的食物相当困难。大家明白了这个道理，就不再发牢骚了。（段名贵《名人的幽默》）

抗日战争时期，中国人民经济生活的艰难是可想而知的。而处在自然条件比中国其他许多地方都差得更多的陕北延安，生活物资的匮乏自然更严重。广大爱国青年因为向往中国共产党领导的陕北边区，怀着美好的革命理想不远万里纷纷投奔革命圣地延安，这是令毛泽东和中国共产党人很感欣慰的事。但是，延安毕竟不能解决那么多人的吃饭问题。所以，为了解决吃饭这一民生问题，也为了推动抗日战争事业在全国各地蓬勃开展，打败日本侵略者，早日实现民族独立与解放，中共中央与毛泽东同志决定将那些投奔延安的热血爱国青年派往全国各地，推动全国的抗日救国运动。这是非常英明的战略决策，也是培养锻炼革命青年的战略决策。可是，这一具有深远战略意义的政治决策，是很少能为那些刚到延安的爱国青年所理解的。所以，毛泽东同志到"抗大"讲课时专门要给学员们讲清这个问题，使他们明白党中央的决策背景与战略意图。

可是，毛泽东在讲述这个问题时，没有直接理性地说"因为战时延安物资供应紧张，无法实现有效生活供给，所以我们才将你们这些投奔延安的爱国青年再派往全国各地，不留在党中央身边"，而是运用"设疑引歧"的技巧，先说："最近几天，不少人给中央写信说，我们好不容易来到党中央身边，怎么一到就叫离开呢？我说对呀，中央许多同志也很同情这些同志的想法。但是，就有那么一个人不同意，整天叽里咕噜的。这个人是谁呢？"让听众产生疑问，引起歧见，以为党中央内部真有那么一位不通情理的领导，整天提出很多反对意见，反对留下各地投奔延安的爱国青年。正当听众——广大学员都朝着演讲者毛泽东的思路这么想，并想知道这个整天"叽里咕噜"的人是谁时，演讲者毛泽东却突然话锋一转，向大家揭开了谜底："这个人就是'肚先生'，也就是我们的肚子啰！"答案大出听众所料，听众的心理预期顿然落空，由此幽默风趣油然而生，"话音未落，已是哄堂大笑"。这就是毛泽东的演讲智慧，让人不得不感佩！

毛泽东似乎特别善于运用"设疑引歧"的技巧，每每运用都妙语生花，产生幽默风趣的效果：

在我们自己方面，对外宣传不要夸大。无论什么时候，都要谦虚谨慎，把尾巴夹紧一些。对苏联的东西还是要学习，但要有选择地学，学先进的东西，不是落后的东西。对落后的东西是另一种学法，就是不学。（毛泽东《在省市自治区党委书记会议上的讲话》①）

① 转引自谭永祥：《汉语修辞美学》，北京：北京语言学院出版社1992年版，第204页。

这里演讲者毛泽东运用“设疑引歧”的技巧也极好，他不直说“对落后的东西不学”，而是把这句的意思拆分成两句来说，先说“对落后的东西是另一种学法”，引得听众按照他的思路去思考，以为后一句他要说“把它当作反面教材加以批判、借鉴”。正当听众都这样想的时候，演讲者毛泽东却给出了一个与听众所想的答案完全不同的说法——“就是不学”。完全突破了听众的预期心理，让听众心理产生了极大的落差，不禁为演讲者独特的思维方式与表达方式而感佩，发出会心的一笑。

三、先抑后扬：高信谭“女人四十才发芽”

有一回高信谭与郭良蕙应邀到某妇女团体演讲。听众多为四十多岁的妈妈级会员。

郭良蕙说：“女人四十一枝花，五十是玫瑰花，六十是喇叭花，越老越发！”

高信谭：“对于郭女士的意见，本人不敢苟同，男人四十才是一枝花——女人嘛，女人四十刚发芽，至于在座还有一些二三十岁的小妹妹们，你们啊，你们还没有发芽，你们是快乐的小豆豆！”①

这是台湾学者沈谦教授所讲的一个故事。

我们都知道，人性有一个很大的特点，就是喜欢听恭维的话、顺耳的话，不愿听真实的大白话，更不愿听逆耳之忠言。所以，很多帝王因为这个原因而被奸佞小人的甜言蜜语所蒙蔽，被他们的吹捧而弄得飘飘然，以致不明真相，以为天下太平，结果导致误国亡国，这在中国历史上有无数的生动例证，不必由我再讲了。男人尚且如此，女人在这方面耳根更软，对于好听的话、恭维的话更是听得入耳，听得开心，忘乎所以了。所以现实生活中有很多女子恋爱

① 转引自沈谦：《修辞学》，台北：台湾空中大学印行1996年版，第20页。

中感到她所恋的男人是天下最温柔最体贴的男人，也是对自己最忠诚的男人，觉得自己是天下最幸福的人了。而结婚后，发现那曾经山盟海誓的男人以前的话都没有兑现，甚至变心别寻新欢去了。这种不幸的结局，当然是那"负心汉"不好，可是女子也有责任，这就是要怪自己耳根软，恋爱中被男人甜蜜的恭维话、好话蒙蔽了心窍，以致没有对对方作冷静地考察。虽然现实生活中有无数这样的教训，但女人就是女人，这种人性的弱点总是不能改变的。

我们大家还知道，现在由于生活条件优越，女人大都很讲究生活质量，希望青春常驻，同时也因为受到西方影响，不愿别人说她老，而希望别人说她年轻漂亮，这是现在中国（更是西方）最普遍的女性心理。正如有一首流行歌曲所唱的那样："有老婆还要风骚，有美丽还要怕老，深情深意不容易看到。"正因为女性有一种怕老、希望年轻的心理，所以在 20 世纪 90 年代"小姐"称呼最为盛行（当然现在不行了，因为现在"小姐"有干"那种营生"的嫌疑，正经女人不愿与"小姐"为伍了，现在在饭店吃饭，如果再叫女服务生为"小姐"，她们会很不高兴了，性情烈的会上来给你一巴掌："你妈才是小姐！"现在大地方、大码头，都流行叫女服务生为"翠花"，就是东北雪村所唱的那句"翠花，上酸菜"的"翠花"；或称"小姑娘"、"小妹妹"），这是为了迎合广大妇女同胞求年轻的心理。在上海，前些年很多年龄大到要做奶奶了的时髦老女人也喜欢别人喊她"小姐"，简直让一些旧老脑筋的人"恶心"了。

我们每个人都是生活于现实生活之中的人，必须紧跟时代潮流（也就是年轻人所说的"时尚"），迎合人们普遍的社会心理。对于女人喜欢别人说她年轻的心理，不管您愿意还是不愿意都应该迎合她们，不然您就是一个不合时宜、不受人欢迎（最起码是不受女人欢迎）的人了。这个道理，许多公众人物最懂，比方说上面故事中的两位台湾电视节目主持人到某妇女团体对"多为四十多岁的妈妈级会员"作演讲时，就善于迎合这些"妈妈级会员"的心理，以年龄说事，说得人人开心。结果，他们的演讲自然会有很好的接受效果了。郭良蕙和高信谭都是台湾著名的电视节目主持人，郭良蕙说："女人四十一枝花，五十是玫瑰花，六十是喇叭花，越老越发。"这是通过比喻的方法来恭维妇女同胞们，妇女同胞们当然开心。一般把女人比作"花"，都是指少女，十七八岁或二十岁左右的姑娘，所以汉语中有一个词叫"花季少女"，说的就是这个意思。这些"妈妈级"的妇女被演讲者郭良蕙比作"花"，自然是非常开心，还是"四十一枝花"。一般我们都知道，民间有句话是这样说的："男人三十一枝花，女人三十豆腐渣。"说的是男人与女人随着年龄的增长而显现出的性别优越性级差。演讲者郭良蕙（她自己也是女性）反其意而说，自然是为了迎合听众的心理，取悦于这些"妈妈级会员"。听众明知其意，也是心中欢喜的，内心甜滋滋的，女性就是这个弱点。可是，轮到高信谭演讲时，他这个大老爷们却说："对于郭女士的意见，本人不敢苟同，男人四十才是一枝花。"这话在广大的妇女同胞听来简直是太令人愤慨了，这不是当着面羞辱女同胞吗？这不是明显地抑女扬男，大搞性别歧视吗？正当"妈妈级会员"听众感到失望与愤慨而心中大为不悦时，演讲者高信谭突然话锋一转，说："女人嘛，女人四十刚发芽，至于在座还有一些二三十岁的小妹妹们，你们啊，你们还没有发芽，你们是快乐的小豆豆！"一下子又把调子拉升到比郭良蕙更高的程度，突破了听众的心理预期，令听众始料不及，前抑后扬，造成了听众心理的极大落差，从而幽默风趣油然而生，不仅使听众心理舒坦，也给她们带来了情感上的愉悦，效果自然是很好的了。

电视名嘴当然会说，运用"先抑后扬"的技巧很有效果，那么语言学家如何呢？我们不妨看看他的嘴上功夫：

我没有编过词典，但是这些年同词典打交道打得很多，因此，我做梦也是在叫，一个字一个字地在那儿叫。可见，编词典的人多么苦。我说编词典的工作不是人干的，但它是圣人干的。（众大笑）白马非马，圣人不是人。词典是圣人干的！这是真正的人干的！他牺牲自己，为了当代，为了后代，他甘作牺牲。（陈原《编写辞书的精神

和态度》①)

陈原是一位在中国颇有些知名度的语言学家,他所著的《社会语言学》在学术界有较好的声誉。他原是编词典出身的,所以他对编词典的人的甘苦知之较深,对编词典的人也特别理解和尊重。可是,他在说完"编词典的人多么苦"一句后,却突然说出"我说编词典的工作不是人干的",这着实让台下从事编词典工作的听众都感到十分震惊——这不是在骂他们吗?以为演讲者后面要讲的是"是傻瓜才要做的工作"之类的话。因为按照前一句的说法,后一句自然会让人作这种推论。可是,正当听众这样续补他的话时,他却突然由抑而扬,由谷底拉升调子,说"但它是圣人干的",突破了听众的心理预期,让听众始料不及,心理产生了极大的落差,不禁为之会心一笑,在感佩演讲者的语言智慧的同时,也获取了一种被慰藉的心灵快感,所以"众大笑"。

四、仿造规拟:周恩来祝福"女朋友"

今天,我们为我们的女朋友,美国女作家安娜·路易斯·斯特朗女士庆祝四十公岁诞辰。(客人们都面面相觑,迷惑不解)在中国"公"字是紧跟它的量词的两倍。四十公斤等于八十市斤;四十公岁也就是八十岁。(宾客席上爆发了一阵大笑)

四十公岁,这不是老年,而是中年。斯特朗女士为中国人民和世界人民做了大量工作,写了大量文章,但她的精神还很年轻。我们祝贺斯特朗女士继续为人民写大量的文章,祝贺她永远年轻!②

---

① 转引自谭永祥:《汉语修辞美学》,北京:北京语言学院出版社 1992 年版,第 201 页。

② 转引自黎运汉主编:《公关语言学》,广州:暨南大学出版社 1998 年版,第 212 页。

这是 1965 年 11 月 1 日，著名的美国女作家、女记者斯特朗 80 寿辰时周恩来总理在上海为她举行祝寿宴会时所作的致贺词。

前面我们说过，中国女性喜欢别人恭维她们年轻，西方女性更是如此。她们不仅喜欢别人说她们年轻，还忌讳别人说到她们的年龄。周恩来总理当然清楚这一点，他有留学西方的生活经历，知识又那么渊博。可是，他今天要为美国女作家、女记者斯特朗 80 寿辰开庆祝会，那么绝口不提寿星的年龄又是不可能的。不提她 80 岁，又有什么要庆祝的呢？那么，怎样说这件事，还要说得寿星高兴呢？演讲者周恩来运用了一种"仿造规拟"的技巧，通过仿拟"公斤"一词的结构形式，临时仿造出一个现代汉语词汇库中没有的新词"公岁"，一下子将数量很大的 80 缩小了一半，将 80 岁转说成"40 公岁"，通过量词的改变，使意思实质上一样的语意表达在语言形式上有了区别，从而既满足了美国女作家、女记者斯特朗这位西方女性喜欢年轻的心理，又让参加庆祝会的听众们获得了一种出其不意的情感愉悦，因为演讲者周恩来的说法实在令他们始料不及，新颖独特而又非常富有创意，令人又感佩，又觉妙趣横生，所以"宾客席上爆发了一阵大笑"。

五、别创新解：陈毅劝人别当"空军司令"

> 我敢于这样大声讲这个话，大声疾呼：你做得很蠢嘛，你要解决资产阶级知识分子的问题，解决旧社会留下来的渣渣草草，要揭露隐藏在内部捣乱的坏人，要检查一部分有资产阶级思想的人，怎么办呢？光我们这几个人、几个光杆将军、"空军司令"去搞，那就太麻烦了。（陈毅《在全国话剧、歌剧、儿童剧创作座谈会上的讲话》[1]）

---

[1] 转引自谭永祥：《汉语修辞美学》，北京：北京语言学院出版社 1992 年版，第 114 页。

　　陈毅这段讲话的意思是说，对于从旧社会过来的旧知识分子的思想改造要讲究工作方法，要做耐心细致的思想政治工作，要有更多有政治思想水平和了解知识分子思想现状的人去开展工作，不能仅靠几个领导人以政治的手段简单化地处理，如果这样，那就会出现大问题。如果这样理性直接地表达，意思当然很清楚，可是这将显得太严肃，不易于营造出一种与创作座谈会相适应的宽松的会议氛围。要是这样，那么座谈会上又如何能让与会者神经松弛，畅所欲言呢？演讲者陈毅是懂得这种心理的，所以他运用了一种"别创新解"的技巧，利用特定的语境条件，通过临时赋予"空军司令"这一词组以它不曾有的新语义，突破听众的心理预期，从而造成幽默风趣的表达效果。一般情况下，"空军司令"的语义只有一个："统领空中作战部队的最高行政长官"，这个语义是所有人都知道的，而且事实上大家也都是在这个意思上使用这个词组的。可是，演讲者陈毅所说的"空军司令"则不是在这个正常语义范畴内使用的，它是指"空空如也，手下无兵的军队中的司令"，即"光杆司令"、"孤家寡人"式的人物。演讲者陈毅这样使用"空军司令"，自然让与会的听众始料不及，突破了他们的心理预期，造成了他们心理上的巨大落差，因而就不禁为之会心一笑。由此，演讲者意欲活跃会议气氛的目标也就在笑声中实现了。陈毅元帅的幽默可谓是无处不在！不仅令人感佩，也于所到之处带给了广大听众无穷的愉悦。

六、旁枝逸出：鲁迅"白眼我却装不好"

　　魏末，何晏他们以外，又有一个团体新起，叫做"竹林名士"，也是七个，所以又称"竹林七贤"。正始名士服药，竹林名士饮酒。竹林的代表是嵇康和阮籍。但究竟竹林名士不纯粹是喝酒的，嵇康也兼服药，而阮籍则是专喝酒的代表。但嵇康也饮酒，刘伶也是这里面的一个。他们七人中差不多都是反抗旧礼教的。

这七人中，脾气各有不同。嵇阮二人的脾气都很大；阮籍老年时改得很好，嵇康就始终都是极坏的。

阮年轻时，对于访他的人有加以青眼和白眼的分别。白眼大概是全然看不见眸子的，恐怕要练习很久才能够。青眼我会装，白眼我却装不好。

后来阮籍竟做到"口不臧否人物"的地步，嵇康却全不改变。结果阮得终其天年，而嵇康竟丧于司马氏之手，与孔融何晏等一样，遭了不幸的杀害。这大概是因为吃药和吃酒之分的缘故：吃药可以成仙，仙是可以骄视俗人的；饮酒不会成仙，所以敷衍了事。（鲁迅《魏晋风度及文章与药及酒之关系》）

上引这段演讲词，是鲁迅 1927 年 7 月 23、26 日在广州夏季学术讲演会上所作演讲的一部分。

鲁迅的这篇演讲是一篇学术演讲，其中当然包含着自己的政治用意，那就是通过谈魏晋时代的政治专制曲折地揭露了国民党反动派排共反共的专制行径。我们都知道，学术演讲的学术性很强，因此生动性、趣味性都较少，加上演讲时间又较长，因此极易造成听众精力的疲惫和注意力的涣散。因此，有经验的演讲者往往都会运用到一种演讲技巧来避免这种消极影响。这种技巧便是"旁枝逸出"，"说话时有意地离开主旨而旁枝逸出，加以风趣的插说或注释"①。这样，可以通过暂时的"脱轨"叙述，聚拢听众的注意力，待听众注意力唤回后，再"入轨"叙述，以"曲径通幽"的方式，完成自己的演讲内容，使听众自始至终保持注意力集中的状态，从而使演讲效果尽可能好一些。鲁迅上述演讲，就用到这一演讲技巧。当他说到"阮年轻时，对于访他的人有加以青眼和白眼的分别"一句时，按照常规，应该继续正常叙述下去。可是，他却在此岔开了话题，脱离了演讲的主旨与演讲正常进行下去的逻辑思路，

---

① 谭永祥：《汉语修辞美学》，北京：北京语言学院出版社 1992 年版，第 132 页。

突然加入"白眼大概是全然看不见眸子的，恐怕要练习很久才能够。青眼我会装，白眼我却装不好"这几句与演讲主旨无关，也与演讲叙事内容无涉的话来，这种"脱轨"的叙述，突破了听众的心理预期，使他们始料不及，不禁一愣，注意力顿然为之集中。同时，这一"脱轨"叙述内容与"在轨"正常叙述内容的不协调性，形成了很大的风格反差，从而产生了一种幽默风趣的表达效果，这就易于引发听众的听讲兴趣，改善演讲者演讲的效果。可见，鲁迅这种"插科打诨"是有其道理的，不是徒费口舌的无劳之举。

"旁枝逸出"的演讲技巧，善于演讲的毛泽东更是经常使用，而且效果非常明显：

> 在长征途中，在过了大渡河以后，究竟怎么走呢？北面统是高山，人口又很少，我们那个时候提出要千方百计克服困难。什么叫千方百计呢？千方者，就是九百九十九个方加一方，百计者，就是九十九计加一计。现在你们还没有提出几个方几个计来。（毛泽东《在省市自治区党委书记会议上的讲话》①）

毛泽东的这段话，说来也显得十分生动风趣。这也是因为演讲者毛泽东运用了"旁枝逸出"的技巧。对于"千方百计"这个成语，大概连小学生也知道它的意思是"想尽一切办法"，不必再作解释。可是，演讲者毛泽东说到"我们那个时候提出要千方百计克服困难"一句时，突然停下来，煞有介事地解释起"千方百计"一词的含义说："千方者，就是九百九十九个方加一方，百计者，就是九十九计加一计。"很明显，这段解释性的话是与演讲主旨无关的，是演讲中随机性的插话，虽然于表意无甚作用，但对于创造一种演讲时的幽默风趣效果却是有直接作用的，它突破了听众的心理

---

① 转引自谭永祥：《汉语修辞美学》，北京：北京语言学院出版社1992年版，第137页。

161

预期，造成了听众听讲时的心理落差，因而使他们在始料不及中为之会心一笑。这就是毛泽东演讲的魅力！

由于这一技巧在演讲中的幽默风趣的效果特别明显，因此不仅诸如鲁迅、毛泽东等文学家、政治家在其学术演讲或政治演讲中经常自觉地加以运用，其他各种有经验的演讲者也是经常运用的：

> 90年代的第一个春节，青岛姑娘贺顺顺坐在电视机前观看中央电视台春节联欢晚会。当台湾艺术家凌峰出现在屏幕上时，这位漂亮的姑娘一下子被这个满脸沧桑的老男人征服了。后来，在一次朋友的聚会上相识后就鸿雁传书，终于结成连理。
>
> 1996年夏，凌峰陪贺顺顺到广州购书中心签名出售《台湾媳妇青岛妹——凌峰和我》一书，在新闻发布会上，凌峰一开口就流露出对妻子的柔情蜜意："我这一生做了三件大事：一是拍摄了大型电视系列片《八千里路云和月》，二是1990年开始和中国青少年发展基金会启动了希望工程，三是娶了一位漂亮的太太。最后一句，是顺顺规定我要在会上讲的。"（段名贵《名人的幽默》）

我们都知道，公众人物与一般人就是不一样，他（她）出一本书也是具有公众性的。做学问的学者，一辈子即使是出了十本乃至几十本学术专著，也往往是悄无声息、不事声张的，因为他（她）的著作只面向于学术界的少数读者，事实上也不会有什么轰动性，更不能成为社会新闻，登上媒体而广受万众瞩目。事实上，万众也不会瞩目于学术著作，那"阳春白雪"般的玩意儿，万众也瞩目不了。枯燥的学术术语与令人头昏脑涨的公式图表，哪有什么趣味，这如何叫喜欢生动有趣、新鲜奇怪内容的万众们提得起胃口呢？他们不爱那个，他们爱猎奇，所有有关公众人物特别是有名的公众人物的生活史诸如隐私、艳遇、恋爱史、发迹史之类的东西，都是他们感到兴味盎然的。因此，每当公众人物有这方面的书籍面世，一定会产生轰动效应的，也一定会"一纸风行"，甚至"洛阳纸贵"。这个大家都知道，我就不说了。（说多了，人家以为我妒忌公众人物。其实，了解我的人都知道，我是最有超然物外的雅量，对什么事什么人都能正确理解并予以必要的谅解的）

　　不过，话又说回来，公众人物之所以是公众人物，那是有其道理的。以我们上面提及的台湾艺人凌峰来说，他能引起万众瞩目，确实反映了他不凡的演艺水平，能让亿万中国人民在他的节目中获取快乐。不仅如此，即使在新闻发布会上为自己与妻子共同出版的书作宣传广告，也能说得让大家感到快乐："我这一生做了三件大事：一是拍摄了大型电视系列片《八千里路云和月》，二是1990年开始和中国青少年发展基金会启动了希望工程，三是娶了一位漂亮的太太。最后一句，是顺顺规定我要在会上讲的。"这几句话说得既简洁，又风趣，谁能不佩服？为什么这么有水平呢？这是由于他巧妙地运用了"旁枝逸出"的演讲技巧，于所要表达的内容说完之后，又"画蛇添足"地补了一句与此内容无关的话：说自己所说的第三件事"娶了一位漂亮的太太"这句话是妻子"顺顺规定我要在会上讲的"，于调笑自己与妻子的同时，突破了听众的心理预期，使听众不禁为之哑然失笑，从而获得了一种听讲的愉悦。这就是他之所以受亿万人民欢迎的原因：他会说啊，讨人喜欢！

七、时空交错：毛泽东钦定周瑜为"青年团员"

　　要选青年干部当团中央委员。三国时代，曹操带领大军下江南，攻打东吴。那时，周瑜是个'青年团员'，当东吴的统帅，程普等老将不服，后来说服了，还是由他当，结果打了胜仗。现在要周瑜当团中央委员，大家就不赞成！团中央委员尽选年龄大的，年轻的太少，这行吗？自然不能统统按年龄，还要按能力。团中央委员候选人的名单，三十岁以下的原来只有九个，现在经过党中央讨论，增加到六十几个，也只占四分之一多一点。三十岁以

上的还占差不多四分之三，有的同志还说少了。我说不
少。六十几个青年人是否都十分称职，有的同志说没有把
握。要充分相信青年人，绝大多数是会胜任的。个别人可
能不称职，也不用怕，以后可以改选掉。这样做，基本方
向是不会错的。青年人不比我们弱。老年人有经验，当然
强，但生理机能在逐渐退化，眼睛耳朵不那么灵了，手脚
也不如青年敏捷。这是自然规律。要说服那些不赞成的
同志。

这是毛泽东1953年6月30日在接见中国新民主主义青年团第
二次全国代表大会主席团的谈话（收入《毛泽东选集》时，定名为
《青年团的工作要照顾青年的特点》）中的一段。这谈话中，最具有
幽默风趣韵致的是演讲者毛泽东把三国时代的周瑜说成是"青年团
员"。

我们知道，"青年团员"是指"中国共产主义青年团员"。共青
团与青年团员都是现代中国共产主义运动的产物，古代是没有这个
概念的。而毛泽东却说"三国时代，曹操带领大军下江南，攻打东
吴。那时，周瑜是个'青年团员'，当东吴的统帅，程普等老将不
服，后来说服了，还是由他当，结果打了胜仗。现在要周瑜当团中
央委员，大家就不赞成！"这是运用了一种"时空交错"（即"移
时"）的表达技巧，即"把现代的事物用于古代，把古代的事物加
以现代化，有意造成时空的错位"的表达策略。① 把三国时代的周
瑜说成是"青年团员"，说"现在要周瑜当团中央委员"。这种说法
让听众始料不及，也想象不到，突破了听众听讲时的心理预期，因
而在听众心理产生了极大的落差，不禁为演讲者毛泽东的"新鲜说
法"而哑然失笑，并从中获取一种听讲的愉悦之情，加深了对演讲
内容的印象和对演讲内容的理解："青年团的工作应该由青年唱主
角，团中央领导应该以青年人为主。"

---

① 谭永祥：《汉语修辞美学》，北京：北京语言学院出版社1992年版，第216页。

八、奸里撒混：雷祯孝的"五个海"

> 我们的干部如果没有本事，像渤海二号的局长一样，那么，今后问题就不仅是出在渤海，也可能出在黄海，出在东海，出在南海，也可能出在上海。（笑声）①

这是人才学研究者雷祯孝 20 世纪 80 年代在上海某大学作报告时说的一段话。

经历过 20 世纪 80 年代的人，都知道当时的情况。当时渤海二号石油勘探船的沉没，与当时的主管局长不懂业务有关，因此引发了一场颇为热烈的关于"是应该内行领导外行，还是应该外行领导内行"的争论。演讲者的这篇演讲其实就是在此背景下阐发自己对人才问题的见解的。众所周知，中国大陆有三大边缘海——黄海、东海、南海，还有一个内海——渤海。这四者合称我国的四大海。演讲者讲到渤海二号石油勘探船沉没在渤海时，由此说到"我们的干部如果没有本事，像渤海二号的局长一样，那么，今后问题不仅是出在渤海，也可能出在黄海，出在东海，出在南海"，他说这话时都是依一定的逻辑顺序与逻辑伦理的，是正常的语言表达。可是，说到这里时，演讲者却突然说出"也可能出在上海"，这就突破了听众的心理预期，让人始料不及。因为"渤海"、"黄海"、"东海"、"南海"都是"海"，在逻辑上是属于同一类属，把它们联系到一起，是听众可以预料到的，也是可以接受的。但是，把"上海"混入其中相提并论，就显得"不伦不类"了。所以会引得听众"大笑"。那么，这是不是演讲者不懂逻辑呢？当然不是，他这是在运用一种"奸里撒混"的技巧，故意将属于不同类别的概念混杂于一起，以期突破听众的心理预期，让人始料不及，从而产生一种幽

---

① 转引自谭永祥：《汉语修辞美学》，北京：北京语言学院出版社 1992 年版，第 373 页。

默效果。事实上，他的这个技巧是成功的，听众的"大笑"就证明了这一点。

九、谐音关合：周恩来的"导弹"与"捣蛋"

再如有一个人专心致意为社会主义服务，政治上懂得少一些，但是两年把导弹搞出来了，对国家有贡献；另外一个人，天天谈政治，搞了五年也没有把导弹搞出来。你投票赞成哪一个人？我投票赞成第一个人。第二个人只好请他去当政治教员，他不能在导弹部门工作，他只能在导弹部门"捣蛋"。（周恩来《在文艺工作座谈会和故事片创作会议上的讲话》[①]）

周恩来的这段话，主要意思是谈政治与业务的关系问题，认为一个人只能谈政治而不能解决实际的业务问题，那还不如那些政治上懂得少点而业务精通、能解决实际问题的专家对社会主义建设的贡献大。但是，演讲者周恩来没有这样直接理性地把这层意思表达出来，而是以举例的形式，运用"谐音关合"的技巧，说"一个人专心致意为社会主义服务，政治上懂得少一些，但是两年把导弹搞出来了，对国家有贡献；另外一个人，天天谈政治，搞了五年也没有把导弹搞出来。你投票赞成哪一个人？我投票赞成第一个人。第二个人只好请他去当政治教员，他不能在导弹部门工作，他只能在导弹部门'捣蛋'"，利用"导弹"与"捣蛋"两词语音上的相同相谐，将两个内涵决然不同的词关合到一起，从而在比较中评价了这两种人的优劣高下，不仅生动形象地表明了自己的观点，而且由于这种"谐音关合"技巧运用得自然高妙、独特新颖，突破了听众的心理预期，令人既感佩演讲者周恩来的语言智慧，又从中获取到

---

① 转引自谭永祥：《汉语修辞美学》，北京：北京语言学院出版社1992年版，第497页。

一种会心的愉悦。

十、变换语序：司仪妙语说"二美"

　　有位美籍华人回国娶了一个美女，在华美的宾馆里举办婚礼。婚礼仪式上，司仪妙语连珠地说："新郎是美籍华人，新娘是华籍美人。在此华灯初照的美好时刻，我们祝福新人春华秋实、美梦成真。"（高胜林《幽默技巧大观》）①

　　我们都知道，汉语有一个重要特点，就是语序在表意中有着特别重要的作用。语序发生了变化，语义就根本不同。比方我们常说的一句俗语"不怕一万，就怕万一"，这"一万"与"万一"，就是通过语序的变换导致了语义上的根本差异。又如抗日战争时期有句讽刺国民党官员腐败的话："前方吃紧，后方紧吃。"其中"吃紧"与"紧吃"所表达出来的不同语义及其境界，也是通过语序变换实现的。还有我国著名教育家陶行知先生讽刺中国旧教育制度的一副对联："先生教死书，死教书，教书死；学生读死书，死读书，读书死。"也是利用语序变换来实现其生动形象的表意目标的。我们也知道，汉语中的词汇，在古代汉语中是单音节词占绝对优势，在现代汉语中是双音节词占绝对优势，但单音节词仍有一定比例。单音节词的存在，加上汉语语法上语序占有的重要地位，就使我们在语言表达中易于利用"变换语序"的技巧进行表情达意营构。

　　上述故事中的婚礼司仪所说的一番令大家传诵的妙语："新郎是美籍华人，新娘是华籍美人。在此华灯初照的美好时刻，我们祝福新人春华秋实、美梦成真。"正是运用"变换语序"的技巧所致。"美籍华人"与"华籍美人"二语，都是由"美"、"籍"、"华"、

---

　　① 引自高胜林编著：《幽默技巧大观》，上海：上海科学技术文献出版社2002年版，第31页。

"人"这四个单音节词构成的，只是语序不同，语义就发生了变化。两个通过变序后的词语，并置在一起，形成一种语义上的比较，就产生了新颖独特的达意效果，突破了听众的心理预期，使听众感到新颖生动而又别具幽默风趣，所以这个司仪的话才会有那么好的效果，被人传诵。

第七章　借景生情：即兴演讲的技巧

　　演讲大体上可以分为三种情况：一是照事先写好的演讲稿照本宣科，一字不差，不作任何个人的发挥；二是基本上照稿宣读，但偶尔脱稿解释插说几句；三是完全没有讲稿，也没有什么准备，临时根据现场情况发挥，即即兴演讲。

　　在这三种演讲中，第一种对演讲者来说最容易，也最省事，不过这表现不出演讲者什么水平。第二种稍微有点难，脱稿即兴发挥时如果发挥得不好，那就会导致"画虎不成反类犬"的结果，造成适得其反的效果。因此，如果没有把握，水平不够，还是老实点，没水平就让人说没水平算了，最起码不会闹笑话。第三种就更难了，如果不是特别有经验、特别善于演讲、头脑特别灵活、语言能力特别强的人，一般就难以企及了。这种演讲虽然很难，但最能凸显出演讲者的演讲技巧和演讲水平，讲得好，那是要令听众佩服得五体投地的。

　　虽然第三种演讲（即兴演讲）特别难，但是也不是不可能做到的。只要掌握了一定的技巧，还是可以应付得过去。如果经过锻炼，并熟练地掌握我们以下讲到的诸种即兴演讲的相关技巧，还是能够讲得好的。

一、就地取材：周恩来与喜马拉雅山

　　当我们站在这个广场上，同千千万万的尼泊尔人民在一起的时候，过去时代的珍贵的回忆就又涌现在我的眼前。虽然在我们两国之间横隔着世界上最险的喜马拉雅山，然而我们的人民却自古以来就保持着友好的往来。

……

　　在我要结束我的讲话的时候，我祝中国和尼泊尔的友谊像联结着我们两国的喜马拉雅山那样巍峨永存！①

　　这是 1957 年周恩来总理访问尼泊尔时，在加德满都市民欢迎会上发表的讲话的开头与结尾部分。

　　有点地理常识的人都知道，尼泊尔是一个内陆山国，处于中国与印度之间，东邻锡金。尼泊尔与中国的西藏只隔一座喜马拉雅山，因此喜马拉雅山既是中尼联系的纽带，又是阻隔两国交通的障碍，因为喜马拉雅山是世界上最险的山脉，它的主峰珠穆朗玛峰是世界第一高峰，海拔为 8 848 米。

　　演讲者周恩来总理是一位非常善于演讲的政治家与外交家。他在对加德满都市民作演讲时，运用"就地取材"的技巧，于演讲一开始就以喜马拉雅山来说事，说"虽然在我们两国之间横隔着世界上最险的喜马拉雅山，然而我们的人民却自古以来就保持着友好的往来"，以喜马拉雅山之险与中尼两国自古友谊长存的事实作对比，说明两国人民情谊之深厚，两国友好关系之稳固。表达既非常生动有力，而又显得自然贴切。演讲结尾时，演讲者周恩来再次以喜马拉雅山说事："在我要结束我的讲话的时候，我祝中国和尼泊尔的友谊像联结着我们两国的喜马拉雅山那样巍峨永存！"又以喜马拉雅山的巍峨特征作比，来形容两国友谊的永恒性，形象地表达了中国人民愿意与尼泊尔人民世代友好的真诚愿望，让尼泊尔人民不禁为之深切感动！

二、即景起兴：闻一多的"月亮"与"乌云"

　　闻一多先生曾在一次纪念"五四"运动的学生夜间集

---

　　① 转引自周建成：《借景发挥使你的演讲美不胜收》，《演讲与口才》2000 年第 2 期，第 23 页。

会上发表演讲，他触景生情地打了一个比喻："我们的会开得很成功！朋友们，你们看：（他指着刚从云缝中钻出来的月亮）月亮升起来了，黑暗过去了，光明在望了，但是乌云还等在旁边，随时会把月亮盖住……"①

这是一则有关闻一多演讲的故事。

我们都知道，"五四"运动是一次反帝反封建的爱国民主运动，五四新文化运动则是以提倡民主与科学为口号的。因此，演讲者闻一多在纪念"五四"运动的学生集会上，自然是要向学生阐明高举民主与科学两面大旗的意义。因为当时还处于北洋政府的专制统治之下，反对专制、争取民主还是一项非常急迫的任务。

演讲者闻一多在阐明这层意思时，巧妙地借演讲当时"刚从云缝中钻出来的月亮"做文章，以"即景起兴"的技巧来阐发自己所欲表达的思想："你们看：月亮升起来了，黑暗过去了，光明在望了，但是乌云还等在旁边，随时会把月亮盖住。"以形象生动的语言婉转巧妙地说明了这样一层意思："民主是有望的，只要大家起来争取奋斗。但是，在中国要想争取民主，道路并不平坦，反民主的专制势力力量还很大，他们随时会起来压制民主、扑灭人民争取民主的运动，所以我们要时刻准备着为争取民主而战斗。"不仅达意自然高妙，而且促人联想深思，意味隽永，真不愧为一代大演讲家！

三、就名衍义：鲁迅顾名思义说"民国"

鲁迅先生曾在厦门中山中学作过一次演讲，他开头说："今天我能够到你们这学校来，实在很荣幸。你们的学校名叫中山中学，顾名思义，是为纪念孙中山。中山先

---

①　转引自谢伯瑞：《即兴演讲要善于从现场发掘话题》，《演讲与口才》1992 年第 8 期，第 30 页。

生致力于国民革命 40 年，结果创造了中华民国。但是现在
军阀跋扈，民生凋敝，只有‘民国’的名目，没民国的
实际。"①

这是一则有关鲁迅演讲的故事。

大家都知道，鲁迅的笔厉害，"似投枪，似匕首"。其实他的嘴
巴也很厉害，逮着机会就要狠狠痛斥一顿大小军阀与国民党反动
派。上面所说的鲁迅在厦门中山中学作演讲，开头的一番话"今天
我能够到你们这学校来，实在很荣幸。你们的学校名叫中山中学，
顾名思义，是为纪念孙中山。中山先生致力于国民革命 40 年，结果
创造了中华民国。但是现在军阀跋扈，民生凋敝，只有‘民国’的
名目，没民国的实际"，就是如此。

不过，演讲者鲁迅骂当局骂得非常自然巧妙。他是运用"就名
衍义"的技巧，借"中山中学"的校名作联想发挥，由"中山中
学"说到孙中山先生和孙中山先生亲手缔造的中华民国，然后再发
表感叹："现在军阀跋扈，民生凋敝，只有‘民国’的名目，没民
国的实际。"一语即把当时中国社会混乱无序、民不聊生的现实状
况概括得穷形尽相，其所表现出的对孙中山先生所开创的资产阶级
民主共和国的理想在中国没能真正实现的痛心疾首之情，对军阀跋
扈而陷广大人民于水深火热的艰难处境的深切悲悯之情，都展露得
淋漓尽致。从而引发听众——中山中学的师生深切的情感共鸣，促
使他们时时警醒自己，不忘中山中学办学的宗旨与作为中山中学师
生任重道远的革命责任。

四、借题发挥：闻一多"扭转历史的手"

今天承诸位光临，得到同诸位见面的机会，感谢之

---

① 转引自郭敏、秦豪：《让即兴演讲开场白"兴味"十足》，《演讲与口才》2001
年第 11 期，第 26 页。

余，就让我们趁此正式地、公开地向诸位伸出我们这只手吧！请诸位认清，这是"无缚鸡之力"的书生的手，不可能也不愿意威逼人，因此也不愿意去利诱人，因此也不受人利诱……这是只拿了一辈子粉笔的手，然而也不可小看了它。更有许许多多这样的手和无数拿锄头的手、开机器的手、打算盘的手、拉洋车的手，乃至缝衣、煮饭、扫地、擦桌子的手——团结在一起，到那时你自然会惊讶这些手的神通，因为它们终于扭转了历史，创造了奇迹。①

这是闻一多在一次知识分子的集会上所作的即兴演讲片断。

演讲者闻一多这段演讲的用意在于呼吁广大知识分子团结起来，同国民党反动派的专制统治作斗争，改变中国当时的社会局面。但是，他没有直接地表达这层语意，而是通过"借题发挥"的技巧，由感谢诸位光临会议，说到"感谢之余，就让我们趁此正式地、公开地向诸位伸出我们这只手吧！"再由此引申发挥开去："请诸位认清，这是'无缚鸡之力'的书生的手，不可能也不愿意威逼人，因此也不愿意去利诱人，因此也不受人利诱……这是只拿了一辈子粉笔的手，然而也不可小看了它。更有许许多多这样的手和无数拿锄头的手、开机器的手、打算盘的手、拉洋车的手，乃至缝衣、煮饭、扫地、擦桌子的手——团结在一起，到那时你自然会惊讶这些手的神通，因为它们终于扭转了历史，创造了奇迹。"从而自然巧妙地把自己所要表达的意思表达出来："团结就是力量，只有大家团结起来，才能扭转历史，创造中国自由、民主、富强的奇迹。"由于表达形式新颖独到，表意自然而巧妙，不仅给听众留下了深刻印象，而且生动形象的表达也易于引发听众的回味思索与对当时中国社会现状的省思，从而激发出他们团结起来改变现状的决心。

---

① 转引自孙玉茹：《演讲者：让听众的心与你一起跳动》，《演讲与口才》2001年第8期，第22页。

五、以人为本：马寅初的婚礼讲辞

我国著名学者马寅初先生担任北京大学校长期间，曾经有一次在百忙中前往参加中文系郭良夫老师的结婚典礼。贺喜的人们发现校长亲临现场，情绪顿时高涨起来，鼓掌欢迎马校长即席致词。马寅初先生本来没有想到要讲话，但是置身于喜庆的环境里，不能有违众人的意愿，但是，讲什么呢？讲几句场面话吧，马校长没有这个习惯；讲做学问吧，显得不切时宜。突然，他灵机一动，来了个一句话演讲：

"我想请新娘放心，因为根据新郎大名，他就一定是位好丈夫。"

人们听了马校长的这一句话，起初莫名其妙，后来一联系新郎大名，才恍然大悟：良夫，不就是善良美好的丈夫吗？于是都开怀地畅笑起来。（张汉清《一句话演讲：话不在多而在精》）①

马寅初（1882—1982），我国著名的经济学家，早年留学美国，获经济学博士学位。1915年回国，先后在北京大学等高校任教，曾任北京大学经济学系主任、教务长，重庆大学商学院院长，国民党政府时期的立法委员。1939年以前，他基本上是国民党政府的一个中上层官僚和经济要员。1944年起，他的思想有了很大转变，追随马克思，追随共产党，大量发表文章、演讲，抨击国民党的反动政策。为此，他触怒了国民党当局，被投入了集中营，后又改成软禁，失去自由整整5年。但他亦由此而一举成为蜚声中外的民主斗士。新中国成立后，以70岁高龄出任北京大学校长之职。历任中央

① 张汉青：《一句话演讲：话不在多而在精》，《演讲与口才》2001年第5期，第43页。

人民政府委员，中央人民政府政务院财政经济委员会副主任，华东军政委员会副主席，第一、二届全国人大常委会委员，全国政协一至四届委员，第二、四届常务委员。中科院哲学社会科学学部委员（即院士）。① 1957 年因为发表《新人口论》而被批判，但是他坚持真理，不为任何人而改变自己的学术观点，表现了中国知识分子所特有的特立独行、刚正不阿的宝贵品格。

马寅初不仅是正直的大学者，而且是善于演讲的演讲家。他在国民党统治时期经常发表演讲，抨击国民党当局的反动政策。1957 年 3 月，他把自己对于人口问题的观点直接搬到中南海最高国务会议上，以确凿的数据说明了在中国实行控制人口政策的必要性，得到了毛泽东的首肯。他受到鼓舞后，于 1957 年 4 月底，决定在北大作公开演讲，"这是他建国后首次作学术报告——竟然按捺不住满腔激动，不顾一校之长的尊严，亲自到校园张贴海报。"② 可见，马寅初是喜欢演讲的。

马寅初善于演讲，我们虽然没有亲耳聆听过，但从上面的故事中也约略可以知道一些大概。北大中文系教师郭良夫举行结婚典礼，要他这个校长致辞，他只作了一句话的演讲，结果却能引得大家"开怀地畅笑起来"。可见他真的是善于演讲的。那么，他一句话演讲何以有如此效果呢？这是因为他运用了一种非常有效的演讲技巧——"以人为本"，即以事主的姓名来展开说辞，引申发挥自己要表达的意思。因为新郎的名字叫"良夫"，他就依名而作发挥，说："我想请新娘放心，因为根据新郎大名，他就一定是位好丈夫。"这种即兴由人名而作的发挥，由于别出心裁，出人意料，大大突破了听众的心理预期，显得新颖生动，别具智慧，因而引得听众片刻的"莫名其妙"后，便是"恍然大悟"以及"开怀畅笑"。

---

① 参见《辞海》（1989 年缩印本），上海：上海辞书出版社 1990 年版，第 1277 页。
② 卞毓方：《思想者的第三种造型》，《十月》2000 年第 1 期。

六、由姓说人：吴稚晖"为姓吴而自豪"

日军侵占华北后，一直想拉吴佩孚出来做他们的傀儡。吴虽参加军阀内战，反对革命，但民族气节尚存，一直拒绝日本人的引诱。汪精卫叛国后，特地跑到天津，秉承日本人的旨意来同吴佩孚见面，要求他出来协力，并负责军事。吴开始答应见面，但旋即取消了约定，拒绝见汪。日军也再三去拉吴出马，吴缠不过日本人，就回敬了一句："只要日本先撤兵，我就可以出来。"日本人见吴不肯下水，便对吴施加毒手。1939 年 12 月，吴佩孚因牙疾被日本军医强行做了牙科手术，在当天晚上就不明不白地死了。

吴佩孚死后，重庆各界举行追悼会，吴稚晖也参加了，并被推作演说。他上台之时，以手掩面，等到在讲台上站定，才把手放下，如同演戏一般，然后说道：

"我姓吴，我们姓吴的都是好人，从来没有做过坏事，不料在三百多年前，出了一个吴三桂，经他一手成全将大明的锦绣河山给送掉了。因为他有这么一手，于是我们姓吴的姓氏下，就给注上了汉奸的头衔，从此便抬不起头了。因此，以前我遇着陌生的朋友，他问我姓什么？我总是含含糊糊说吴？从来没有爽爽快快告诉人我姓吴，为什么呢？我恐怕朋友们多心，以为我是吴三桂的后人。

"现在情形不同了，我们姓吴的又翻了身了，又挺起胸膛称好汉，这就是我们大家今天开会追悼的吴佩孚。吴子玉的生平事迹，各位都知道，我们这位姓吴的长处，是不贪污、不变节，有弄钱的地位和机会，这是谁都知道的，可是他不弄。别看他过去威风不小，他却是个穷小子，然而他虽穷，却穷得有骨气。当日本军阀占了我们北平的时候，他的艰难困苦已属不堪，可是任凭日寇如何地

威逼利诱，他仍是饿着肚皮挺着脖子不变节。他这种不屈
不挠的精神将我们中华民族的浩然正气，充分地表现出
来。我们姓吴的又出了一个人物，将过去的污点给洗刷掉
了。如今若有陌生的朋友问我姓什么，我可以拍着胸膛竖
起大拇指提高嗓门说，我姓吴！"

这是罗平汉《风尘逸士——吴稚晖别传》中记述的吴稚晖演讲
的故事。

吴佩孚（1874—1939），字子玉，山东蓬莱人，清末秀才。曾
为北洋军第三镇曹锟部下管带。1922 年直奉战争后，支持曹锟，控
制北京政府。历任两湖巡阅使、直鲁豫巡阅使，是北洋直系军阀首
领。1923 年残酷地镇压了京汉铁路大罢工，制造了震惊中外的"二
七惨案"，遭到了全国各界人民的唾骂。1924 年在第二次直奉战争
中，因冯玉祥发动"北京政变"，吴佩孚乃乘舰南逃。1926 年又与
奉系军阀张作霖、山西督军阎锡山联合，进攻冯玉祥的国民军。同
年在湖北被国民革命军打败，逃到四川依附地方军阀杨森。"九一
八事变"后，蛰居北平。[1] 抗日战争爆发后，因为拒绝日本人拉他
下水为汉奸，而被日本军医害死。

吴稚晖是国民党元老，也是国民党内的"名骂"，谁都敢骂，
蒋介石每遇到搞不定的情况，都是由吴稚晖出来替他站台压住阵脚
的，因此他在国民党内的地位之高是无人能比的。吴稚晖 1953 年
10 月 30 日在台北病逝时，蒋介石大书"痛失导师"的匾额以示纪
念，又亲自主持了国民党中央的公祭。因此，以吴稚晖在国民党内
的地位和在抗日战争时期的声望，在他的眼里是没有什么人可以给
他看得起的。更何况名声并不好且是国民革命军的敌人的北洋军阀
首领吴佩孚，更是不为吴稚晖所齿了。

那么，1939 年 12 月吴佩孚在北平逝世后，为什么重庆各界还
要纪念他呢？为什么吴稚晖竟然还要出来作演讲来赞扬吴佩孚呢？

---

① 参见《辞海》（1989 年缩印本），上海：上海辞书出版社 1990 年版，第 825 页。

因为中国人历来最重民族气节。如果一个人在民族气节上有亏，即使他曾经作过再大的历史贡献也是不能得到中国人的原谅的。吴稚晖虽然在中国近代史上并不是什么进步人物，但他在国民党内算是一个很有民族气节的人，也是特重民族气节的。因此，当1939年初汪精卫叛国投敌时，他大骂汪精卫，以至汪精卫差点被他骂得气死。正是因为这一点，吴稚晖对于吴佩孚晚年能够坚持民族气节、不愿成为汉奸而被日本人害死，就特别敬重了。因此，在重庆各界公祭吴佩孚的大会上，人们要推吴稚晖演讲，因为他声望高，对有民族气节的人历来敬重。

　　了解吴稚晖历史的人都知道，他会骂人，但并不是特别擅长演讲。可是，这次演讲，他真是演讲得特别有水平，叫人不得不佩服。他上台时先"以手掩面，等到在讲台上站定，才把手放下，如同演戏一般"，首先就引发了听众的兴趣和注意，可谓是先声夺人。接着，他运用"由姓说人"的策略，从自己姓吴说起，说姓吴的都是好人，从来没有做过坏事。可是由于三百年前出了一个吴三桂，出卖了大明，做了汉奸，所以他作为"五百年前是一家"的吴姓人，便没有脸再见人。因此，有上台时的"这么一手"（以手掩面），又说自己以前因为同姓的吴三桂做汉奸的带累，自己从来不敢爽爽快快地告诉别人自己姓吴。这样铺垫之后，他话锋一转，大大歌颂了一番吴佩孚不贪污、不变节的生平事迹，绝口不提吴佩孚以前镇压国内民众的事（这符合中国人为死者讳的传统）。在与吴三桂对比中，颂扬了吴佩孚"将我们中华民族的浩然正气，充分地表现出来"的高尚人格。最后又回到姓氏上加以发挥说："我们姓吴的又出了一个人物，将过去的污点给洗刷掉了。如今若有陌生的朋友问我姓什么，我可以拍着胸膛竖起大拇指提高嗓门说，我姓吴！"再次颂扬了吴佩孚，从而达到自己所欲表达的思想与感情的目标，给听众留下了深刻的印象。

七、引经据典：闻一多的"天洗兵"

1945 年 5 月 4 日，云南大学、中法大学等校的大学生，在云南大学的操场上举行纪念"五四"大会，会议开始不久，天便突降暴雨。一些学生离开会场避雨去了，会场秩序大乱。这时闻一多迎着暴雨站在台上高呼："热血的青年们过来！继承五四精神的热血青年站起来！怕雨吗？我来讲个故事：今天是天洗兵！武王伐纣那天，陈师牧野的时候，军队正要出发，天下大雨，于是领头人说：'此天洗兵'。把蒙在甲胄上的灰尘洗干净，好上战场攻打敌人。今天，我们集合起来纪念五四运动，天下雨了，这也是'天洗兵'，不怯懦的人上来，走近来！勇敢的人走拢来！"[1]

这是一则有关闻一多的演讲故事。

闻一多一向是喜欢演讲，也是善于演讲的。他尤其擅长即兴演讲，本章我们已经举过两个例子了。下雨而避之，人之常情，也是一种人的本能。纪念"五四"的演讲虽然意义重大，但演讲时突降暴雨，听众避而退场，乃是本能的反应。因此，演讲会场秩序大乱，无可厚非。如果换成一般的演讲者，无法再聚拢听众演讲下去，自然就会中止演讲。但是，演讲者闻一多不同凡响。他灵机一动，突然想起武王伐纣，陈师牧野，正要出发而天下大雨的故事，就以"引经据典"的策略来引申发挥说："热血的青年们过来！继承五四精神的热血青年站起来！怕雨吗？我来讲个故事：今天是天洗兵！武王伐纣那天，陈师牧野的时候，军队正要出发，天下大雨，于是领头人说：'此天洗兵'。把蒙在甲胄上的灰尘洗干净，好

---

① 转引自郭敏、秦豪：《让即兴演讲开场白"兴味"十足》，《演讲与口才》2001 年第 11 期，第 26 页。

上战场攻打敌人。今天，我们集合起来纪念五四运动，天下雨了，这也是天洗兵，不怯懦的人上来，走近来！勇敢的人走拢来！"这番话真是说得非常自然巧妙，不仅可以有力地劝服听众（学生）走拢回演讲现场，还与自己本次演讲所要宣传的主旨密切相关：继承五四精神就是要有洗掉旧时代、旧思想、旧传统的尘埃的勇气，要有不怯懦的革命精神。真可谓一箭双雕，高妙无比！

八、睹人生情：郭沫若"女人的打扮"

郭沫若在一次写作座谈会上谈到修辞要恰当时说："如果是老实地用最恰当的字眼把你所看到的、想到的写出来，就比较容易准确；一加不恰当的修饰，反而不准确了。现在一般的毛病是爱修饰，修饰恰当当然是好，修饰得不好可就糟了。"说到这里，郭老笑着对在做记录的两位女同志说："比如女同志打扮得好很漂亮，打扮得不好就糟了。"大家不由得一阵大笑。①

这是有关郭沫若的一则演讲故事。

我们都知道，写作自然要讲究表达效果。而要讲究表达效果，自然就要重视修辞了。如果我们学过修辞学，一定知道修辞应该坚持两条基本原则，一是"自然"，二是"得体"。不能为了修辞而修辞，更不能为了形式上的技巧而"因辞害义"。

郭沫若在写作座谈会上讲的修辞要恰当，也是说的这个道理。当然，他说这个道理时，说道："如果是老实地用最恰当的字眼把你所看到的、想到的写出来，就比较容易准确；一加不恰当的修饰，反而不准确了。现在一般的毛病是爱修饰，修饰恰当当然是好，修饰得不好可就糟了。"话说到这里，其实意思也清楚了。可

---

① 转引自周建成：《借景发挥使你的演讲美不胜收》，《演讲与口才》2000 年第 2 期，第 23 页。

是，演讲者郭沫若觉得这样表达不生动，不易引起听众的兴趣，不易使他们对他所说的意思留下深刻的印象，所以他就即兴再作补充，根据现场有两位做记录的女同志的特定情景，以女同志的打扮说事："比如女同志打扮得好很漂亮，打扮得不好就糟了。"以"睹人生情"的策略，通过女士打扮得体与否及其产生的效果来比喻，对自己前面所说的意思作了进一步形象生动的说明。由于说得自然巧妙，又很贴切，听众不得不佩服，所以"大家不由得一阵大笑"，演讲效果得到了大大的提升。

九、与时俱进：郭沫若"科学的春天"

> 春分刚刚过去，清明即将到来。"日出江花红胜火，春来江水绿如蓝。"这是革命的春天，这是人民的春天，这是科学的春天！让我们张开双臂，热烈地拥抱这个春天吧！

这是郭沫若 1978 年 3 月 31 日在全国科学大会上所作的题为"科学的春天"的演讲的最后一段。

这段演讲的结束语非常精彩，不仅文采斐然，而且极富鼓动性，令人听了会情不自禁地产生一种奋发向上的激情。之所以会有如此独特的效果，是缘于演讲者运用的演讲技巧十分高妙，它是一种可称为"与时俱进"的即兴演讲技巧，根据演讲时特定的时间——1978 年 3 月 31 日做文章。它有两种特殊的意义：从节令上看，3 月正是自然意义上的春天，是万物复苏、大地春光明媚的最好时节；从政治上看，1978 年是"四人帮"被粉碎、文化大革命结束后的第二年，是我国政治生活、经济生活还有科学事业重回正轨的时候，这是一种政治上的"春天"。利用这种时间上的特殊含义作引申发挥，自然含义深刻，令人回味思索，更促人珍惜这来之不易的"春天"而奋发有为，为中国科学事业的发展而拼搏努力。这种高妙的演讲技巧，也只有科学家兼诗人的郭沫若才能有。

十、即境作喻：省长"山水如男女"

山西某县修渠引水，在大渠竣工典礼上，一位省领导应邀讲话，他登上临时搭起的露天主席台，环顾了一下会场，然后以缓慢的语调说："人们常常将山水并举：山清水秀，水连山，山水难分。"说到这里，他用手指了一下台下的人群，接着说，"就如同我们人类，必须有男有女才能构成一个完美的社会，有夫有妻才能组成一个圆满的家庭。不是吗？男耕女织，儿女情长，夫唱妇随……而过去，这里有山无水，残缺的'自然'让我们的日子过得很不自然……现在'渠成水到'，水绕山行，水欢山笑，山山水水为我们开辟幸福大道。"①

这是一则山西省某领导在引水渠工程竣工典礼上即兴演讲的故事。

工程竣工，领导自然要参加典礼并发表讲话，这是常规。按照常规，在这种正式的场合，领导特别是省领导讲话自然是应该念秘书事先准备好的讲稿。如果这个故事中的省领导就是按照常规念讲稿，那么他的演讲也就不会成为人们传诵的故事了。

这位省领导的高明之处，就在于他不用讲稿，而是根据演讲现场的情境作即兴演讲，运用"即境作喻"的技巧，由水渠现场的山水想到"人们常将山水并举"的说法，想到"山清水秀，水连山，山水难分"这些词汇。然后借景生情，手指台下的男女听众与前面所说的"山水"相联系搭挂，从而自然而然地引申发挥出这样一番精彩的议论：有山应该有水，"就如同我们人类，必须有男有女才能构成一个完美的社会，有夫有妻才能组成一个圆满的家庭。不是

---

① 转引自周建成：《借景发挥使你的演讲美不胜收》，《演讲与口才》2000 年第 2 期，第 23 页。

吗？男耕女织，儿女情长，夫唱妇随……而过去，这里有山无水，残缺的'自然'让我们的日子过得很不自然……现在'渠成水到'，水绕山行，水欢山笑，山山水水为我们开辟幸福大道"，从而生动形象地说明了水渠竣工对于山西人民的特殊意义，把修水渠的意义在一个即境比喻中作了形象化的升华，给听众留下了深刻的印象，令人不得不感佩这位演讲的省领导，觉得这个省领导才真配当省领导，有水平！

十一、见物起意：爱情与鲜花

一次演讲比赛中，一位参赛者在题为"让爱情焕发出美的光彩"的演讲中，遵循爱情美学原理，阐述了人的外表美和心灵美的关系，当他讲到一些青年谈恋爱只注重对方容貌美的时候，很自然地指了指会场四周放置的几盆塑料花："青年朋友们，你们瞧，那几盆花好看不好看？好看。美不美？美。可是你们也许没有注意到，那是一些塑料花。它们有五颜六色的漂亮外表，却没有内在的生命活力，在光、热、空气、外力的作用下，这种高分子化合物就会老化，甚至脆裂。有的青年人交朋友，只注重漂亮的外貌，不管思想品质的高低，不管文化素质的优劣，这不跟喜欢塑料花一样吗？年轻的朋友，放下手中只能用作装饰的塑料花，在爱情的沃土中寻觅和采摘焕发青春色彩、永葆生命芬芳的花朵吧！美，在向你们微笑！"[1]

这是在一次有关爱情问题的演讲赛中一位演讲者作题为"让爱情焕发出美的光彩"的演讲时就会场四周的几盆塑料花而作即兴发挥的故事。

---

[1] 转引自周建成：《借景发挥使你的演讲美不胜收》，《演讲与口才》2000年第2期，第23页。

我们都知道，一个人的外表美丑并不与其内心美丑、道德品质好坏、文化素质高低等内在的东西成正比。现实生活中倒是常常有不少"外内不符"的人，可以用一句话来概括，叫"金玉其外，败絮其中"。真正"秀外慧中"、内外俱美的人并不多。正因为如此，我们看一个人千万不能只看其外表，而应该透过现象看本质，应该看到他（她）最内在、最本质的东西，才不至于看错了人。在男女爱情问题上，正确理解这个问题更是重要。中国民间有句俗语，叫作"庄稼不好只一茬，老婆老公不好是一辈子事"。（虽然现在新《婚姻法》颁布实施了，结婚离婚都方便得很了，但毕竟找错了人而离婚是一件比较麻烦的事，最起码对双方感情上是有伤害的）可是，现实生活中，无论多么理智的男女，都摆脱不了以貌取人、特别看重外表的毛病。真正懂得内在美的男女是不多的。正因为如此，我们上面说到的那位演讲者要特别地演讲这一主题，向世人说明男女恋爱不能只重对方外表的道理。

这位演讲者的可述之处是，他不但从道理上讲明了这个问题，还能触景生情，运用"见物起意"的策略，利用会场的几盆塑料花来说事，与自己的演讲内容相联系，引申发挥出这样一番精彩的话语："青年朋友们，你们瞧，那几盆花好看不好看？好看。美不美？美。可是你们也许没有注意到，那是一些塑料花。它们有五颜六色的漂亮外表，却没有内在的生命活力，在光、热、空气、外力的作用下，这种高分子化合物就会老化，甚至脆裂。有的青年人交朋友，只注重漂亮的外貌，不管思想品质的高低，不管文化素质的优劣，这不跟喜欢塑料花一样吗？年轻的朋友，放下手中只能用作装饰的塑料花，在爱情的沃土中寻觅和采摘焕发青春色彩、永葆生命芬芳的花朵吧！美，在向你们微笑！"一下子就把演讲主题给升华到一个新的高度，让人不能不感动，不能不信服他的观点和他所主张的爱情观。

十二、闻鸡起舞：人事制度改革的春雷

  一次，县委在县大会议室举行副局级干部竞聘演讲会。那天天很阴，当诸葛洪钢竞聘教育局副局长的演讲就要到尾声的时候，外面电闪雷鸣，几乎淹没了他的声音。他稍停顿了一下，指着窗外说："同志们，听着窗外响起的阵阵春雷，我的心中不由得一震，是啊，我们的屋内不也是春雷滚滚吗？干部聘任制度改革的春雷正在我们这块天空上震响，在这场竞争中也许我只是一个过客，但我要张开双臂，为春雷春雨的到来而欢呼！"①

  这是一则关于一位名叫诸葛洪钢的演讲者竞聘某县教育局副局长的演讲故事。

  这个故事中的主人公诸葛洪钢不仅有突破传统观念、合着时代前进的节拍而"闻鸡起舞"、参加党政干部岗位竞聘的勇气，而且有不平凡的随机应变的演讲机智。在演讲快要结束时，外面的电闪雷鸣，几乎淹没了他的声音，他却不慌不忙，见物起意，触景生情，以"闻鸡起舞"的方式，指着窗外的雷雨，作了出人意料的巧妙引申与发挥："同志们，听着窗外响声的阵阵春雷，我的心中不由得一震，是啊，我们的屋内不也是春雷滚滚吗？干部聘任制度改革的春雷正在我们这块天空上震响，在这场竞争中也许我只是一个过客，但我要张开双臂，为春雷春雨的到来而欢呼！"以窗外的"春雷"比喻干部聘任制度改革的巨大社会影响，并由此自然巧妙地表达了自己对这一人事制度改革的欢迎态度与参与干部竞聘的坦然自信的心态，令人不得不佩服他表达的机智与演讲的从容。这则故事虽然没有告诉我们演讲者竞聘的结果，但我们相信这样的演讲

---

  ① 转引自孙玉茹：《竞聘演讲结尾的几种方式》，《演讲与口才》2000 年第 8 期，第 27 页。

者是一定能够赢得评委的肯定的。

十三、见风使舵：张帝抚慰国人心头难言的痛

　　1993 年 "9·23" 之夜，北京电视台在亚洲大酒店设立直播现场，首都各界名人应邀出席。一旦北京 "申奥" 成功，这里的狂欢画面将通过卫星传到全世界。北京时间 9 月 24 日凌晨 2 点 15 分，国际奥委会主席萨马兰奇出现在屏幕上，所有在电视机前的中国人都期待着他说出 "北京" 两个字。老萨确实说了，但他是用英语说的 "感谢北京"，有人仅仅听到 "北京" 就以为申办成功了，旋即开始了狂热的欢呼，情绪顿时传遍全场，人群沸腾了，记者一拥而上准备采访。应邀前来的台湾 "急智歌王" 张帝先生也沉浸在狂喜之中，但他突然发现 CCTV 的转播屏幕上是悉尼街头的欢呼场面。他的心一揪，赶忙告诉周围："冷静，可能有误！"——场上静得一点声息也没有了。"悉尼……悉尼……" 张帝艰难地站起来，这位见多识广、阅历丰富的急智歌王，平生第一次感到 "太难了"，那张饱经沧桑的脸上表情异常复杂……

　　"各位，刚刚一听到 '北京'，我的心多么狂喜，我以为我们得到了这份荣誉，但最后的结果是悉尼……可我要说，其实北京已经胜利了，真的，我们赢了！（场内爆发热烈掌声）各位从电视转播中看到，北京已经成为世界的焦点。奥运重在参与，我们已经走上了国际舞台。这就是我们的骄傲！我觉得我们每个人都尽了我们的心，为我们的国家作了贡献。我们刚才的狂喜和现在还能冷静地坐在这里，正代表了我们泱泱大国的风度。我们遵守奥林匹克精神，我们要继续走这条路。（又一次赢得全场掌声）

　　各位朋友，我是台湾来的，但我代表了全中国、全世界华人的心声：祝福我们北京在象征着自由与和平的方向

上，永远迈开大步，走向胜利！刚才有位朋友说了，有百分之四十的把握，这是中肯的。我们在短短时间里让世界一下子了解我们是不够的，我们努力了，脚步还要加快，北京就要朝这个方向走……"

人们眼里含着泪水，在热烈而悲壮的气氛中，王光美将自己手中的鲜花献给了张帝。①

这是一则有关台湾著名艺人张帝在北京电视台直播现场即兴演讲的故事，讲的是当年全体中国人在获悉中国申请举办奥运会失利消息那一刻的痛苦心情。

对于举办奥运会的意义，现在是没有人不知道的。世界各国历来都争抢奥运会的主办权，不仅因为举办奥运会能直接拉动举办国的国内经济、增加举办国人民的就业机会，组织得好还能为举办国带来大笔外汇收入，而且举办奥运会也是向世界展示自己的国力与国家形象的一次大好机会，经济利益之外还有政治意义，这样的好事还有哪一个国家不想得到呢？中国改革开放以后，国力逐渐增强，所以中国于 1993 年参与了 2000 年奥运会的申办活动。当时中国的申办情势相当不错，中国人的申办热情也特别高涨，因此，就有了上述故事中的 1993 年北京电视台举办的"9·23"之夜电视直播晚会。

由于种种原因，最后北京申办失利了。2000 年奥运会的主办权落到澳大利亚悉尼的头上，给中国人民心头烙下了一记难言的痛。可是，在当时电视直播晚会现场，由于很多观众心情过于激动，事先想得过于乐观，所以当国际奥委会主席萨马兰奇用英文说到"北京"一词时，很多人没有听懂意思，以为北京成功了，于是欢呼起来。晚会主持人张帝自然也是心情激动的了，被观众的情绪所深深感染。可是，当电视画面最终显示悉尼人民欢庆的场面，不但观众

---

① 转引自骆小所主编：《公关语言学教程》，昆明：云南人民出版社 2002 年版，第 226－228 页。

们的心情无法平静、情绪无法稳定，主持人张帝更是如此。作为晚会主持人，他更有一种难言的尴尬。那么如何面对晚会上的广大观众，如何面对电视机前急切盼望成功的亿万中国人，如何向他们解释这一切，消除他们心头难言的痛？要想把话前后说圆，安抚亿万观众失望、尴尬的情绪，实在是太难了。

可是，这么难的事，主持人张帝还是解决了。他运用"见风使舵"的策略，把北京的失利作另一番解说："各位，刚刚一听到'北京'，我的心多么狂喜，我以为我们得到了这份荣誉，但最后的结果是悉尼……可我要说，其实北京已经胜利了，真的，我们赢了！"结果他这番话说得场内爆发出热烈掌声，尴尬初步解除。接着他又再作引申发挥说："各位从电视转播中看到，北京已经成为世界的焦点。奥运重在参与，我们已经走上了国际舞台。这就是我们的骄傲！我觉得我们每个人都尽了我们的心，为我们的国家作了贡献。我们刚才的狂喜和现在还能冷静地坐在这里，正代表了我们泱泱大国的风度。我们遵守奥林匹克精神，我们要继续走这条路。"说得更是理直气壮，从容优雅，进一步安定了观众的情绪，舒缓了观众悲观失望的心情，同时也表现了中国人的风度，结果"又一次赢得全场掌声"。然而演讲者并未就此打住，而是再作引申发挥："各位朋友，我是台湾来的，但我代表了全中国、全世界华人的心声：祝福我们北京在象征着自由与和平的方向上，永远迈开大步，走向胜利！刚才有位朋友说了，有百分之四十的把握，这是中肯的。我们在短短时间里让世界一下子了解我们是不够的，我们努力了，脚步还要加快，北京就要朝这个方向走……"巧妙地替全中国、全世界的华人代了言，表达了中国人继续朝着既定目标前进的坚定决心，让世界人民了解中国人阔大的胸襟与无比的自信！这等高妙的即兴演讲，怎么能不让人感佩，我们的国家主席刘少奇的夫人王光美怎么能不深受感动而给他献花呢？

参考文献

1. 陈望道：《修辞学发凡》，上海：上海教育出版社 1997 年版。

2. 沈谦：《修辞学》，台北：台湾空中大学印行 1996 年版。

3. 谭永祥：《汉语修辞美学》，北京：北京语言学院出版社 1992 年版。

4. 黎运汉主编：《公关语言学》，广州：暨南大学出版社 1998 年版。

5. 骆小所主编：《公关语言学教程》，昆明：云南人民出版社 2002 年版。

6. 孙海燕编著：《口才训练十五讲》，北京：北京大学出版社 2003 年版。

7. 吴礼权：《修辞心理学》，昆明：云南人民出版社 2002 年版。

8. 吴礼权：《妙语生花：语言策略秀》，上海：上海文化出版社 2002 年版。

9. 《辞海》编辑委员会编：《辞海》（1989 年缩印本），上海：上海辞书出版社 1990 年版。

10. 《现代汉语词典》（修订本），北京：商务印书馆 1997 年版。

11. 欧阳哲生编：《胡适文集》第十二卷《胡适演讲集》，北京：北京大学出版社 1998 年版。

12. 《鲁迅全集》，北京：人民文学出版社 1973 年版。

13. 徐一士：《一士类稿》，太原：山西古籍出版社 1996 年版。

14. 沈谦：《林语堂与萧伯纳：看文人的妙语生花》，北京：中国友谊出版公司 1999 年版。

15. 赵遐秋：《徐志摩传》，北京：中国人民大学出版社 1989

年版。

16. 沈卫威：《无地自由——胡适传》，上海：上海文艺出版社 1995 年版。

17. 罗平汉：《风尘逸士：吴稚晖别传》，北京：华夏出版社 1999 年版。

18. 王周生：《爱似深沉的海》，昆明：云南人民出版社 2003 年版。

19. 江龙编译：《白宫口才》，北京：中国计划出版社 1998 年版。

20. 陈如松编：《世界名人精彩演说欣赏》，北京：当代世界出版社 1999 年版。

21. 仲金留、魏裕铭编：《名人演讲辞精萃》，桂林：漓江出版社 1987 年版。

22. 温湲主编：《艺林妙语》，上海：上海文艺出版社 1995 年版。

23. 高胜林编著：《幽默技巧大观》，上海：上海科学技术文献出版社 2002 年版。

24. 段名贵编：《名人的幽默》（增订本），北京：新华出版社 1998 年版。

25. 卞毓方：《思想者的第三种造型》，《十月》2000 年第 1 期。

26. 《演讲与口才》，1992—2002 年。

后 记

这本名曰"口若悬河：演讲的技巧"的小书，是我计划外生育的"孩子"。以前从来没有计划过要生这个"孩子"，只是机缘凑巧，他就生下来了。

吉林教育出版社编审张景良先生约我写本书，我就跟他聊起了我另外两本书的计划，并向他提交了那两本书的目录提要。不意张先生非常感兴趣，旋即向社长和总编作了汇报。两位社领导立即拍板决定要为我出一套丛书，张景良先生给丛书起了个很好的名字：中华语言魅力丛书。第一期是三本，第一本是《传情达意：修辞的策略》，第二本是《能说会道：表达的艺术》，至于第三本我报的是另一个题目（暂不说出来）。后来，张先生经过与社里领导及同事讨论，希望第三本先写有关演讲方面的。其实，我对演讲学方面没有什么研究，以前兴趣也不在此，但因为丛书性质要求从语言方面入手，我想语言学是我的本行，从这方面入手，不管什么题目，好歹也是可以对付的吧。于是，就稀里糊涂地答应了。其实，不答应行吗？张先生大老远坐飞机从东北赶到上海，就为了这本书的选题。冲这，我这个讲义气的人哪有不答应的呢？人家古人讲义气，要为朋友两肋插刀，吉林教育出版社领导和张先生如此信任我，我就改个题目写写有什么大不了的。

如期完成了前两本，进入第三本，就觉得困难了。前两本，我有多年的资料积累，也有成熟的想法，写起来颇觉驾轻就熟。第三本写演讲方面的，没有什么资料积累，从电脑所储存的材料中翻找，发现这方面的资料存货不足。于是，就临时抱佛脚，去书店买了许多有关演讲方面的书。又叫我的两个研究生金军鑫、李连涛去复旦大学图书馆借来了大量有关演讲方面的书（这里谢谢他们的劳苦)，"拉到篮里就是菜"。结果，回来一翻，让我失望得嘴巴半天都合不上。原来，这些所谓的演讲学书籍，多半都在讲"演"，不讲"讲"。比方说，我买了一本很贵、好像还比较"牛"的人写的演讲学教程之类的书。翻开目录，内容好像很丰富。比方说，演讲如何开头、如何结尾，需要注意的技巧等，很好哇！可翻到内容一看，这些关键的内容，他老人家只讲了一页还不到，根本就是有名无实。翻翻其他章节，也是如此。讲"演讲"却不谈"讲"的方面，却讲了许多与演讲无关的内容。至于其他的同类书，则更是"一蟹不如一蟹了"，不但材料上下的功夫不够，学理的阐释更是无从谈起。你说不出学理，你讲什么"演讲学"呢？你怎么教人家掌握演讲的技巧呢？为什么这样就是技巧，那样就不是技巧呢？为什么这样说就好，那样说就不行呢？你得从语言学、修辞学的角度讲出学理来，让读者知其然，更知其所以然，这样读者才能真正掌握演讲的技巧，才可能真的学了以后能指导其演讲实践。于是，我得出这样一个狂妄的结论：就我所见的中国学者所写的演讲学著作或教科书，是没有什么理论值得参考的。这样，我就死心了，不必再去找什么演讲学理论的书来参考了，用东北话说：自己整吧！只要用心、认真，整得好，不就结了吗？

于是，我专门从各种书籍、杂志中寻找演讲材料，备了各类中国人的演讲材料大约 30 多万字，放进电脑存储，然后进行分类分析。根据材料进行归纳，总结出其中的规律性东西。这是做学问的基本方法。我的专业训练使我对此驾轻就熟（我上面说很多演讲学著作之所以写得令人失望，没有实质性内容，就是因为他们没有在材料上下功夫，不肯在分析、归纳等基本功方面下功夫，怎么能写出有内容的东西呢）。然后写出提纲，把相关的材料精选后，纳入各章节，用自己具有"自主知识产权"的理论进行分析阐释。这样，经过艰苦的努力，以每天 16 小时的高强度工作，按出版社预定的时间进度完成了这本小书。

这本小书虽然是意在面向大众，但我并不因为是非学术专著就马马虎虎。相反，我写作此书态度之认真、用力之勤、用心之苦；

远远超出我此前所写的学术专著。不说理论思辨方面的努力与辛苦，就说学术规范方面，我的态度也是不亚于写学术专著的认真劲儿。除了书中引到别人理论或学术见解的地方，我一一详加注明外，对于书中所用的材料，我自己找来的第一手材料，每一条我都一一注明出处，以便读者需要时可以去查对。凡是转引别人的材料，我都注明转引自某人某文、某书某刊某页。这一来是我做学者的习惯使然，二来也是基于我个人的理念：尊重别人的劳动，提供材料也是劳动，他能找到某条材料，是他花了功夫读书找得来的，我们应该尊重他们这种劳动。不能因为是材料，就可以理所当然地拿来"资源共享"。当然，你如果这么做也可以，这是学术界的通例，别人也提不出什么异议，反正这材料又不是你写的，你没有知识产权，你只是首次引用它而已。但是我历来转引别人材料都采用了注解的办法，以此表示对首引者劳动的尊重。这一点，读者从我的注解中可以清楚地看出。但是，我这样注解，我还有另一层意思（我也不妨说出来）：就是有些材料，由于首引者没有注明出处，我无法再去核对，只得照样转引。如果有文字上或其他方面的错误，应该由首引者负责。我认为，你既然要作文、著书，你就得严谨，引用材料要准确，你引的材料，你得负责。这也是给作文、著书者一种压力，告诉你：你得严谨、认真。杜甫说"文章千古事"，那不是闹着玩的，著书立说要有敬畏之心，不能对不起读者！这样，大家就会慢慢养成一种严谨的习惯，有利于良好学风的养成。除了详细的注解外，还有书末所附的参考文献，以示对他人的尊重与感谢。这些都是按照学术著作的规范去做的，一丝不苟。由此，读者也可以看出我写这本书的态度是非常认真的，如同写学术著作一样，没有半点马虎。这一点，我可以负责任地跟读者朋友这么说，我对读者诸君的态度是非常虔诚的！

对于书中运用到的我自己的许多研究心得，我尽力做到用最浅显的语言表述，力争通俗易懂，不用学术名词或艰深的术语来装腔作势，借以吓人。那样，我认为既是自己学术水平低下的表现，也是对读者最大的不尊重（这是一种很坏的学风。现在学术界学风不正，我感到疾首痛心。因此，更应该严格要求自己，从自己做起，建立榜样。这倒不是自大，而是一种作为学者的责任所在）。读者读你的书，是信任你，你就应该以赤诚之心相待。否则，真是罪过！

最后借此机会，再次感谢吉林教育出版社的领导给我这样一个机会，为我出这样一套个人丛书，并采取特别的措施（如远从上海请专门的美术编辑设计插图）；再次感谢资深编辑张景良先生的精心策划和对书稿修改所作的大量工作。也感谢吉林教育出版社所有为这套丛书贡献心力的朋友。另外还要感谢两位朋友。一是感谢上海文艺出版总社的刘育文女士，为了此书，她帮我联系到上海古籍出版社美术编辑室主任严克勤先生为此书画插图并进行封面设计。二是感谢严克勤先生的创造性劳动，他的装帧设计和插图，为本书增色不少。

另外，我还应该感谢我的家人对我这段时间不分昼夜工作的理解与支持。我的儿子吴括宇今年才两岁多，但是他很懂事，每天早晨催我起床："爸爸，乖，快起来，打电脑去。"于是我便乖乖地起床，从早劳作到深夜。因为要在短时间内完成出版社交付的任务，除了学校教学工作与研究生指导工作外，孩子我也就顾不上了，家务也顾不上了。幸好有岳父岳母帮忙，他们都退休了。岳母唐翠芳退休前曾做过国营大厂的书记，担负行政工作，还当过职工子弟学校校长，教育孩子的事都由她一手包办了；岳父蒙进才是早年毕业于重庆大学的液压动力专家，却能烧得一手好菜。这样，我从早写到晚也无所顾忌，不愁没饭吃，更不至于饿死。太太蒙益在英国一家跨国公司当中国部财务经理，平时都是没有双休日的，在我写作的这段时间，她尽量早回家、多回家照顾孩子，这样我双休日也可以满勤地写作了。如果他们都不支持，我按照平时的时间安排来写作，那么任务是远远无法完成的。因此，这里也应该向他们表示感谢！是他们给了我额外的时间。

吴礼权

2003 年 12 月 8 日于复旦园

修订版后记

这本小书，连同《传情达意：修辞的策略》、《能说会道：表达的艺术》，都从属于吉林教育出版社为我出版的个人丛书"中华语言魅力丛书"。

这套丛书出版后，承蒙读书界与学术界朋友的厚爱，发行情况颇是不错，第一次印刷就有 2 万多册。后来还先后获得不少奖项，让我受宠若惊。记得是 2005 年底，当时我在日本做客座教授，责任编辑张景良先生给我发电子邮件贺年，同时告诉我一个消息，说这套丛书获得了"长白山图书奖一等奖"。2006 年，我结束日本客座教授任期回到上海后，年底又收到了张景良先生的电话，告知 2006 年 12 月这套丛书在吉林省首届"新华杯"读书节被评为"读者最喜爱的十种吉版图书"。当 2006 年刚刚过去、2007 年的新年日历刚刚翻开时，张景良先生又告诉我一个好消息："中华语言魅力丛书"2007 年 1 月获得"吉林省新闻出版奖（政府奖）"图书精品奖。这更让我深受鼓舞，觉得当初勇敢地抛弃一切，花那么多时间完成这套丛书还是值得的。老话说："一分耕耘一分收获"，实在言之不虚。

2009 年 2 月至 6 月，我受聘为台湾东吴大学客座教授。教学之余，我常在台北市的书店流连，无意间竟发现了我在学生时代所写的试笔之作、1991 年由浙江人民出版社出版的《言辩的智慧》。没深入台湾书店还不知道，一旦深入，这才惊讶地发现，原来这本小书在台湾竟然有国际村文库书店、林郁出版社、台原出版社、新潮社等四家出版社的不同版本，近 20 年间一直在台湾市面上保持常销的状态。这一发现，既让我深受鼓舞，又让我纳闷，我什么时候授权他们大印特印我的书了？在非常讲究"智慧产权"的台湾，竟然也有这等盗版成风的情况，实在让我不解。最近上网又发现，大陆的一家出版社没经过我授权，竟然也无视我的智慧产权而印刷销售我的这本 20 年前的书，真是岂有此理！

我之前在台湾出版过很多学术著作，与包括台湾商务印书馆、远流出版公司在内的顶级出版社都有密切联系。有一次，在与台湾商务印书馆主编李俊男先生谈到《言辩的智慧》一书时，他也很有兴趣。但是，我告诉他，我还有比这一本更好的书，就是指这套丛书。他一听非常兴奋，遂让我给他看一看电子版。我给他看了一部，他立即决定引进版权。于是，我就从中牵线。但是，最后因为版权纠葛，没有做成。从台湾回到大陆后，突然收到香港商务印书馆编辑毛永波先生的电子邮件，说看到我很多书都想引进。毛先生是我在复旦大学时的同学，研究生毕业后到北京的商务印书馆高就。之后，我们几十年没有联系，直到接到他的邮件，这才知道他的最新动态。于是，我将在大陆发行得很好的《语言策略秀》的繁体字版权给了香港商务印书馆。不久，香港商务印书馆将此书改名为"中文活用技巧：妙语生花"，以繁体字在香港上市。没过多久，香港商务印书馆会计科与我结算版税时，竟然已经销售了 1 000 册。这个数字在大陆不算什么，但在香港这个弹丸之地，实在是个大数目。要知道，莫言在未获得诺贝尔文学奖之前，香港文学界引进他的作品卖了几十年也没卖出几百本。可见，香港的读书风气并不盛。受到这一鼓舞，香港商务印书馆又与我签订了好几本著作的繁体版权，其中就包括这套"中华语言魅力丛书"，说一俟在大陆的版权期限满了，就在香港市场推出。

其实，与此同时，大陆的两家出版社也早已看中了这套丛书，责任编辑跟我达成了口头初步意向，有一家还将此列入了年度出版计划中。但是，我一直犹豫，没跟他们签订出版协议。因为暨南大学出版社人文编辑室主任杜小陆兄不断给我打电话，也想要这套丛书。我因跟别的出版社有约在先，所以好几次都只好坦言说明实际情况。可是，小陆兄并不放弃。每个星期都跟我通电话，谈我在暨南大学出版社的几本著作的编辑进度。每次在通话结束时，他都不忘提及这套丛书。我考虑了好久，感于他的诚意，也考虑到这套丛书的版权期限将满，可以考虑修订再版的问题了。于是，向小陆兄提出一个过分的要求：只给简体版权（因为繁体版权我已经授予香港商务印书馆了），而且合约期限是五年而非十年。这些要求，小陆兄都爽快地答应了。在此情况下，我这才开始动笔对这套丛书进行了部分修订。之所以只进行部分修订，而不是"大修"，一是因为我实在没有时间和精力，二是想保留原来的面目，不想用今天高度的我拔高十年前的我，那样不符合历史的真实。

最后，衷心希望这次的修订版能够带给读者新的印象，并希望能继续得到广大读者的厚爱。否则，便辜负了暨南大学出版社领导的支持，辜负了杜小陆先生的期待。

值此机会，衷心感谢十多年来一直对我的这套丛书给予厚爱的海内外读者朋友，没有大家的厚爱，它恐怕早就被人遗忘了。衷心感谢暨南大学出版社及出版社的领导、编辑部主任杜小陆先生的盛情厚谊，感谢责任编辑的辛劳，感谢为这套修订版丛书在校对、印刷、销售等工作环节付出辛勤劳动的所有暨南大学出版社的工作人员。

吴礼权

2013 年 4 月 28 日于复旦园

吴礼权主要学术论著一览

一、主要学术著作

1. 《游说·侍对·讽谏·排调：言辩的智慧》（专著），浙江人民出版社，1991 年 10 月版。

2. 《中国历代语言学家评传》（合著），复旦大学出版社，1992 年 1 月版。

3. 《世界百科名著大辞典·语言卷》（合著），山东教育出版社，1992 年 11 月版。

4. 《中国智慧大观·修辞卷》（专著），浙江人民出版社，1993 年 8 月版。

5. 《言辩的智慧》（繁体版，专著），台湾国际村文库书店，1993 年 8 月版。

6. 《中国笔记小说史》（繁体版，专著），台湾商务印书馆，1993 年 8 月版。

7. 《中国言情小说史》（专著），台湾商务印书馆，1995 年 3 月版。

8. 《中国修辞哲学史》（专著），台湾商务印书馆，1995 年 8 月版。

9. 《中国语言哲学史》（专著），台湾商务印书馆，1997 年 1 月版。

10. 《中国笔记小说史》（简体版，专著），（北京）商务印书馆，1997 年 8 月版。

11. 《公关语言学》（合著），北京工业大学出版社，1998 年 3

月版。

12.《中国现代修辞学通论》（专著），台湾商务印书馆，1998年7月版。

13.《阐释修辞论》（合著，并列第一作者），首都师范大学出版社，1998年7月版。

14.《中国修辞学通史·当代卷》（合著，第一作者），吉林教育出版社，1998年9月版。

——获第三届陈望道修辞学奖二等奖（最高奖），2000年3月；第十二届"中国图书奖"，2000年11月。

15.《修辞心理学》（专著），云南人民出版社，2002年1月版。

——获复旦大学2003年度"微阁中国语言学科奖教金"著作二等奖，2003年9月。

16.《妙语生花：语言策略秀》（专著），上海文化出版社，2002年9月版。

17.《修辞的策略》（专著），吉林教育出版社，2004年1月版。

——获2005年吉林省长白山优秀图书一等奖（吉林省政府奖）；吉林省首届"新华杯"读书节读者最喜爱的十种吉版图书，2006年12月；吉林省新闻出版奖图书精品奖，2007年1月。

18.《表达的艺术》（专著），吉林教育出版社，2004年1月版。

——获2005年吉林省长白山优秀图书一等奖（吉林省政府奖）；吉林省首届"新华杯"读书节读者最喜爱的十种吉版图书，2006年12月；吉林省新闻出版奖图书精品奖，2007年1月。

19.《演讲的技巧》（专著），吉林教育出版社，2004年1月版。

——获2005年吉林省长白山优秀图书一等奖（吉林省政府奖）；吉林省首届"新华杯"读书节读者最喜爱的十种吉版图书，2006年12月；吉林省新闻出版奖图书精品奖，2007年1月。

20.《中国历代语言学家》（合著），上海文化出版社，2004年2月版。

21.《大学修辞学》（合著），福建人民出版社，2004年10月版。

22.《假如我是楚霸王：评点项羽》（专著），台湾远流出版公司，2005年6月版。

23.《古典小说篇章结构修辞史》（专著），台湾商务印书馆，2005年12月版。

24.《现代汉语修辞学》（专著），复旦大学出版社，2006年11月版。

25.《语言学理论的深化与超越》（主编），云南人民出版社，2007年1月版。

26.《20世纪的中国修辞学》（合著），中国人民大学出版社，2007年12月版。

——获上海市第十届哲学社会科学优秀成果奖（2008—2009）著作三等奖。

27.《中国修辞史》（副主编，下卷第一作者），吉林教育出版社，2007年4月版。

——获2007年国家新闻出版总署"第一届中国出版政府奖图书奖提名奖"；2008年上海市第九届哲学社会科学优秀成果著作类二等奖；2010年全国"高等学校科学研究优秀成果奖（人文社会科学）"一等奖。

28.《委婉修辞研究》（专著），山东文艺出版社，2008年4月版。

29.《语言策略秀》（增订本）（专著），上海文化出版社，2008年6月版。

30.《名句经典》（专著），吉林教育出版社，2008年6月版。
——获第二届吉林省新闻出版奖精品奖，2010年1月。

31.《中国经典名句小辞典》（专著），吉林教育出版社，2008年8月版。

32. 《中国经典名句鉴赏辞典》（专著），吉林教育出版社，2009 年 7 月版。

33. 《表达力》（专著），台湾商务印书馆，2011 年 8 月版。

34. 《清末民初笔记小说史》（专著），台湾商务印书馆，2011年 8 月版。

35. 《现代汉语修辞学》（修订版）（专著），复旦大学出版社，2012 年 6 月版。

36. 《中文活用技巧：妙语生花》（专著），香港商务印书馆，2012 年 3 月版。

37. 《远水孤云：说客苏秦》（长篇历史小说），简体版，云南人民出版社，2011 年 9 月版；繁体版，台湾商务印书馆，2012 年 6 月版。

38. 《冷月飘风：策士张仪》（长篇历史小说），简体版，云南人民出版社，2011 年 11 月版；繁体版，台湾商务印书馆，2012 年 6 月版。

二、主要学术论文

1. 《试论孙炎的语言学成就》，核心期刊《古籍研究》1987 年第 4 期。

2. 《试论汉语委婉修辞格的历史文化背景》，核心期刊《修辞学习》1987 年第 6 期。

3. 《中国现代史上的广东语言学家》（合作），《岭南文史》1988 年第 1 期。

4. 《试论古汉语修辞中的层次性》，《淮北煤炭师范学院学报》1988 年第 4 期。

5. 《"乡思"呼唤着"月夜箫声"——香港诗人杨贾郎〈乡思〉〈月夜箫声〉赏析》，《语文月刊》1988 年第 5 期。

6. 《中国哲学思想在汉语辞格形成中的投影》，《营口师专学报》1989 年第 1 期。

7.《试论吴方言数词的修辞色彩》，《语文论文集》，上海百家出版社，1989 年 10 月版。

8.《试论黄遵宪的诗歌创作与成就》，《岭南文史》1990 年第 2 期。

9.《〈经传释词〉在汉语语法学上的地位》（合作），核心期刊《复旦学报》1991 年第 1 期；中国人民大学《语言文字学》1991 年第 1 期转载。

10.《〈西湖二集〉：一部值得研究的小说》，核心期刊《明清小说研究》1991 年第 2 期。

11.《情·鬼·侠小说与中国大众文化心理》，核心期刊《上海文论》1991 年第 4 期。

——获"第一届全国青年优秀社会科学成果奖"优秀论文奖（中国社会科学院），1994 年 11 月。

12.《点化名句的艺术效果》，《学语文》1992 年第 4 期。

13.《情真意绵绵，绮思响"雨巷"——谈戴望舒〈雨巷〉一诗的修辞特色》，核心期刊《修辞学习》1992 年第 5 期。

14.《回顾·反思·展望——复旦大学组织全国部分青年学者关于中国修辞学研究的过去现状及未来的讨论综述》，《鞍山师范学院学报》1993 年第 4 期。

15.《语言美学发轫》，综合类核心期刊《复旦学报》1993 年第 5 期。

16.《汉语外来词音译艺术初探》，核心期刊《修辞学习》1993 年第 5 期。

17.《论〈文则〉在中国修辞学史上的地位》，《鞍山师范学院学报》1994 年第 2 期。

18.《汉语外来词音译的特点及其文化心态探究》，综合类核心期刊《复旦学报》1994 年第 3 期。

19.《旧学商量加邃密，新知培养转深沉——评王希杰新著〈修辞学新论〉》，核心期刊《修辞学习》1994 年第 3 期。

20.《试论赋的修辞特点》，核心期刊《修辞学习》1995 年第

1 期。

21．《先秦时代中国修辞哲学论略》，核心期刊《上海文化》1995 年第 2 期。

22．《试论汉语委婉修辞手法的范围》，《南昌大学学报》1995 年第 3 期。

23．《关于中国修辞学发展的历史分期问题》，核心期刊《修辞学习》1995 年第 3 期；中国人民大学《语言文字学》1995 年第 10 期转载。

24．《王引之〈经传释词〉的学术价值》，核心期刊《古籍整理研究学刊》1995 年第 4 期；中国人民大学《语言文字学》1996 年第 4 期转载。

25．《修辞结构的层次性与修辞解构的层次性》，《延边大学学报》1995 年第 4 期；中国人民大学《语言文字学》1996 年第 4 期转载。

26．《两汉时代中国修辞哲学论略》，综合类核心期刊《江淮论坛》1995 年第 5 期；中国人民大学《语言文字学》1996 年第 2 期转载。

27．《〈经传释词〉对汉语语法学的贡献》，《中西学术》（第 1 辑），学林出版社，1995 年 6 月版。

28．《创意造言的艺术：苏轼与刘攽的排调语篇解构》，台湾《国文天地》1995 年第 11 卷第 6 期（总第 126 期）。

29．《旧瓶装新酒：一种值得深究的语言现象》，香港《词库建设通讯》1995 年第 4 期（总第 6 期）。

30．《改革开放与汉语的发展变化学术研讨会综述》，1995 年 11 月《上海社联年鉴》。

31．《〈经传释词〉之"因声求义"初探》，核心期刊《古籍研究》1996 年第 1 期。

——获 1998 年上海市（1996—1997 年度）哲学社会科学优秀成果奖三等奖。

32．《谐译：汉语外来词音译的一种独特型态》，《长春大学学报》1996 年第 1 期。

33.《英雄侠义小说与中国人的阿 Q 精神》，台湾《国文天地》1996 年第 11 卷第 8 期（总第 128 期）。

34.《论修辞的三个层级》，《云梦学刊》1996 年第 1 期。

35.《音义密合：汉语外来词音译的民族文化心态凸现》，《西安外国语学院学报》1996 年第 2 期。

36.《咏月嘲风的绝妙好辞——晏子外交语篇的文本解构》，核心期刊《修辞学习》1996 年第 2 期。

37.《论汉语外来词音译的几种独特型态》，《雁北师范学院学报》1996 年第 4 期。

38.《触景生情的语言机趣——陶毂与钱俶外交语言解构》，台湾《国文天地》1996 年第 12 卷第 6 期（总第 138 期）。

39.《〈语助〉与汉语虚词研究》，《平原大学学报》1996 年第 4 期。

40.《关于〈声类〉的性质与价值》，核心期刊《古籍整理研究学刊》1996 年第 6 期。

41.《论夸张的次范畴分类》，核心期刊《修辞学习》1996 年第 6 期。

42.《新世纪中国修辞学的发展和我们的历史使命》，综合类核心期刊《复旦学报》1997 年第 1 期。

43.《论委婉修辞生成与发展的历史文化缘由》，核心期刊《河北大学学报》1997 年第 1 期。

44.《清代语言学繁荣发展原因之探讨》，《云梦学刊》1997 年第 1 期；中国人民大学《语言文字学》1997 年第 8 期转载。

45.《论中国修辞学研究今后所应依循的三个基本方向》，核心期刊《修辞学习》1997 年第 2 期；中国人民大学《语言文字学》1997 年第 6 期转载。

46.《80 年代以来中国修辞学理论问题争鸣述评》，《黄河学刊》1997 年第 2 期。

47.《论委婉修辞的表现形式与表达效应》，核心期刊《湘潭大学学报》1997 年第 3 期。

48. 《中国修辞哲学论略》，核心期刊《云南师范大学学报》1997 年第 4 期。

49. 《论夸张表达的独特效应与夸张建构的心理机制》，核心期刊《扬州大学学报》1997 年第 4 期。

50. 《训诂学居先兴起原因之探讨》，《语文论丛》（第 5 辑），上海教育出版社，1997 年 6 月版。

51. 《语言美学的建构与修辞学研究的深化》（第一作者，与宗廷虎教授合作），核心期刊《修辞学习》1997 年第 5 期。

52. 《"夫人"运用的失范》，核心期刊《语文建设》1997 年第 6 期。

53. 《论〈马氏文通〉在中国语言学史上的地位》，《江苏教育学院学报》1998 年第 1 期。

54. 《论委婉修辞生成的心理机制》，核心期刊《修辞学习》1998 年第 2 期。

55. 《论孔子的修辞哲学思想》，《雁北师范学院学报》1998 年第 3 期。

56. 《"水浒"现象与历史变迁》，《人民政协报》1998 年 4 月 27 日第 3 版《学术家园》。

57. 《二十世纪中国现代修辞学发展的省思》，核心期刊《社会科学》（上海）1998 年第 5 期。

58. 《修辞心理学论略》，综合类核心期刊《复旦学报》1998 年第 5 期；中国人民大学《心理学》1998 年第 11 期转载。

59. 《中国现代修辞学研究走向语言美学建构的历史嬗变进程》，核心期刊《云南师范大学学报》1998 年第 6 期。

60. 《二十世纪的汉语修辞学》（与宗廷虎教授合作），北京大学百年校庆丛书《二十世纪的中国语言学》，北京大学出版社，1998 年 6 月版。

61. 《关于中国修辞学发展的历史分期及各个时期研究成就的估价问题》，《郑子瑜〈中国修辞学史稿〉问世十周年纪念论文集》

（宗廷虎教授主编），中国社会出版社，1998 年 2 月版。

62.《潘金莲形象的意义》，台湾《古今艺文》1998 年第 25 卷第 1 期。

63.《进一步沟通海峡两岸的修辞学研究》，核心期刊《修辞学习》1998 年第 4 期。

64.《吴方言数词的独特语用效应》，《修辞学研究》（第 8 集），南海出版公司，1998 年 6 月版。

65.《中国风格学源流研究的理论与实践意义》，核心期刊《湘潭大学学报》1998 年第 6 期。

66.《语言理论新框架的建构与 21 世纪中国语言学的发展》，云南省一级学术期刊《学术探索》1999 年第 1 期。

67.《修辞学转向与现代语言学理论》，核心期刊《修辞学习》1999 年第 2 期。

68.《论夸张》，《第一届中国修辞学学术研讨会论文集》，台湾师范大学，1999 年 6 月版。

69.《论修辞文本建构的基本原则》，核心期刊《扬州大学学报》1999 年第 2 期。

70.《平淡情事艺术化的修辞策略》，《徐州师范大学学报》1999 年第 2 期。

71.《修辞主体论》，《锦州师范学院学报》1999 年第 2 期。

72.《方言研究：透视地域文化的重要途径》，云南省一级学术期刊《学术探索》1999 年第 3 期。

73.《〈请读我唇〉三人谈》（与宗廷虎教授、陈光磊教授合作），核心期刊《语文建设》1999 年增刊。

74.《看文人妙笔生花，让生命得到舒畅——评沈谦教授〈林语堂与萧伯纳〉》，台湾《中国语文》1999 年第 4 期（总第 508 期）。

75.《修辞学研究新增长点的培植与催化》（与宗廷虎教授合作），核心期刊《修辞学习》1999 年第 4 期。

76.《借代修辞文本建构的心理机制》，全国人文和社会科学核心期刊《云南师范大学学报》1999 年第 6 期；《高等学校文科学报文摘》2000 年第 2 期选摘。

77.《论中国现代修辞学发展嬗变之历程（上）》，日本京都外国语大学《研究论丛》第 54 号（1999 年）。

78.《〈金瓶梅〉的语言艺术》，《经典丛话·金瓶梅说》，江西教育出版社，1999 年 1 月版。

79.《中国古典言情小说模式与中国传统文化心理》，台湾《国文天地》2000 年第 1 期（总第 181 期）。

80.《论中国现代修辞学发展嬗变之历程（下）》，日本京都外国语大学《研究论丛》第 55 号（2000 年）。

81.《评黎运汉著〈汉语风格学〉》（与宗廷虎教授合作），《文汇读书周报》2000 年 12 月 9 日第 2 版。

82.《论比拟修辞文本的表达与接受心理》，《深圳教育学院学报》2000 年第 2 期。

83.《照花前后镜，花面交相映——论中国文学中的双关修辞模式》，台湾《国文天地》2000 年第 4 期（总第 184 期）。

84.《委婉修辞的语用学阐释》，《语文论丛》（第 6 辑），上海世纪出版集团·上海教育出版社，2000 年 9 月版。

85.《修辞学研究的深化与修辞学教材的改革创新》，核心期刊《修辞学习》2001 年第 1 期。

86.《比喻修辞文本的心理分析》，《平顶山师专学报》2001 年第 3 期。

87.《论精细修辞文本的心理机制》，《锦州师范学院学报》2001 年第 3 期。

88.《异语修辞文本论析》，核心期刊《修辞学习》2001 年第 4 期。

89.《语言的艺术：艺术语言学的建构》，核心期刊《云南师范大学学报》2001 年第 5 期。

90.《论旁逸修辞文本的建构》，《湘潭师范学院学报》2001 年第 5 期。

91. 《论拈连修辞文本》，《湖北师范学院学报》2001 年第 4 期。

92. 《论结尾的修辞策略》，《江苏教育学院学报》2002 年第 1 期。

93. 《顶真式衔接：段落衔接的一种新模式》，核心期刊《修辞学习》2002 年第 2 期。

94. 《论顶真修辞文本的类别系统与顶真修辞文本的表达接受效果》，《平顶山师专学报》2002 年第 4 期。

95. 《论锻句与修辞》，《锦州师范学院学报》2002 年第 5 期。

96. 《吞吐之间，蓄意无穷——留白的表达策略》，台湾《国文天地》2002 年第 18 卷第 3 期（总第 207 期）。

97. 《关于建立言语学的思考》（合作），核心期刊《长江学术》（第 3 辑），长江文艺出版社，2002 年 11 月版。

98. 《论事务语体的修辞特征及其修辞基本原则》，《平顶山师专学报》2003 年第 1 期。

99. 《从统计分析看"简约"与"繁丰"的修辞特征及其风格建构的原则》，核心期刊《修辞学习》2003 年第 2 期。

100. 《与时俱进：语言学由理论研究走向应用研究的意义》，《楚雄师范学院学报》2003 年第 2 期。

101. 《基于计算分析的法律语体修辞特征研究》，核心期刊《云南师范大学学报》2003 年第 6 期。

102. 《论学习修辞学的意义》，《平顶山师专学报》2004 年第 1 期。

103. 《论起首的修辞策略》，核心期刊《湖南科技大学学报》2004 年第 2 期。

104. 《论口语体的基本修辞特征和修辞基本原则》，《语文论丛》（第 8 辑），上海世纪出版集团·上海教育出版社，2004 年 1 月版。

105. 《平淡风格与绚烂风格的计算统计研究》，核心期刊《云南师范大学学报》2004 年第 2 期。

106.《韵文体刚健风格与柔婉风格的计算研究》,《湖北师范学院学报》2004 年第 3 期。

107.《庄重风格与幽默风格的计算统计研究》,《渤海大学学报》2004 年第 5 期。

108.《中国修辞学:走出历史偏见和现实困惑》,核心期刊《福建师范大学学报》2004 年第 6 期。

109.《从〈汉语修辞学〉修订本与原本的比较看王希杰教授修辞学的演进》,《修辞学新视野》,中国文联出版社,2004 年 12 月版。

110.《从计算分析看文艺语体的修辞特征及其修辞基本原则》,《修辞学论文集》(第七集),新华出版社,2005 年 5 月版。

111.《评谭学纯、朱玲〈修辞研究:走出技巧论〉》,核心期刊《福建师范大学学报》2005 年第 2 期。

112.《关于建立言语学的思考》(合作),《言语与言语学研究》,崇文书局,2005 年 8 月版。

113.《话本小说"正话"结构形式及其历史演进的修辞学研究》,《语言研究集刊》(第二辑),上海辞书出版社,2005 年 8 月版。

114.《话本小说"篇首"的结构形式及其历史演进》,核心期刊《云南师范大学学报》2005 年第 4 期。

115.《话本小说"题目"的形式及其历史演进》,《平顶山学院学报》2005 年第 6 期。

116.《话本小说"头回"的结构形式及其历史演进的修辞学研究》,综合类核心期刊《复旦学报》2006 年第 2 期;中国人民大学《中国古代、近代文学研究》2006 年第 7 期全文转载。

117.《论修辞学与语法学、逻辑学及语用学的关系》,《平顶山学院学报》2006 年第 4 期。

118.《汉语外来词音译的四种特殊类型》,《词汇学理论与应用》(三),商务印书馆,2006 年 3 月版。

119.《由汉语词汇的实证统计分析看林语堂从中西文化对比的

角度对中国人思维特点所作的论断》，《跨越与前进——从林语堂研究看文化的相融与相涵国际学术研讨会论文集》，台湾东吴大学，2006 年 10 月版。

120．《八股文篇章结构形式的渊源》，日本京都外国语大学《研究论丛》，2006 年（平成十八年七月）第 67 期。

121．《评朱玲〈文学文体建构论〉》，核心期刊《福建师范大学学报》2007 年第 1 期。

122．《修辞学的科学认知观与中国现代修辞学的发展》，载《继往开来的语言学发展之路：2007 学术论坛论文集》，语文出版社，2008 年 1 月版。

123．《八股文"收结文"之"煞尾虚词"类型及其历史演进》，载《修辞学论文集》（第十一集），中国社会科学出版社，2008 年 4 月版。

124．《比喻造词与中国人的思维特点》，综合类核心期刊《复旦学报》（社科版）2008 年第 2 期；《高等学校文科学术文摘》2008 年第 3 期转摘。

125．《〈史记〉史传体篇章结构修辞模式对传奇小说的影响》，核心期刊《福建师范大学学报》2008 年第 1 期。

126．《"用典"的定义及其修辞学研究》，核心期刊《武汉大学学报》（人文科学版）2008 年第 1 期。

127．《段落衔接的修辞策略》，《平顶山学院学报》2008 年第 4 期。

128．《南北朝时代列锦辞格的转型与发展》，《楚雄师范学院学报》（月刊）2009 年第 8 期。

129．《从〈全唐诗〉所存录五代诗的考察看"列锦"辞格发展演进之状况》，核心期刊《湖南科技大学学报》（社科版）2010 年第 1 期。

130．《学术史研究与学科本体研究的延展与深化》，《外国语言文学》（季刊）2010 年第 1 期。

131．《从〈全唐诗〉的考察看盛唐"列锦"辞格的发展演变状况》,《阜阳师范学院学报》(社科版) 2010 年第 1 期。

132.《从〈全唐诗〉所录唐及五代词的考察看"列锦"辞格的发展演进之状况》,《楚雄师范学院学报》(月刊) 2010 年第 1 期。

133.《不迷其所同而不失其所异——论黎锦熙先生的汉语修辞学研究》(第一作者),核心期刊《北京师范大学学报》(社科版) 2010 年第 5 期。

134.《"列锦"修辞格的源头考索》,核心期刊《长江学术》2010 年第 4 期。

135.《修辞学与汉语史研究》,核心期刊《福建师范大学学报》(哲学社会科学版) 2010 年第 4 期。

136.《"列锦"辞格在初唐的发展演进》,《平顶山学院学报》2010 年第 3 期。

137.《还原海峡两岸现代汉语词汇差异的真实面貌》,《楚雄师范学院学报》(月刊) 2011 年第 1 期。

138.《艺术语言的创造与语言发展变化的活力动力》,《楚雄师范学院学报》(月刊) 2011 年第 5 期。

139.《网络词汇成活率问题的一点思考》(第一作者),核心期刊《江苏大学学报》(社会科学版) 2011 年第 3 期。

140.《名词铺排与唐诗创作》,《蜕变与开新——古典文学国际学术研讨会论文集》,台湾东吴大学,2011 年 7 月版。

141.《海峡两岸词汇"同义异序"现象的理据分析兼及"熊猫"与"猫熊"成词的修辞与逻辑理据》,载郑锦全、曾金金主编《二十一世纪初叶两岸四地汉语变迁》,台湾新学林出版社,2011 年 12 月版。

142.《晚唐时代"列锦"辞格的发展演进状况考察》,《平顶山学院学报》2012 年第 1 期。

143.《关于中国修辞学研究走向的几点思考》,《北华大学学报》(社会科学版) 2012 年第 1 期。

144.《海峡两岸现代汉语词汇"同义异序"、"同义异构"现象透析》,综合类核心期刊《复旦学报》(社科版) 2012 年第 2 期。

145.《王力先生对汉语修辞格的研究》，核心期刊《北京大学学报》（哲社版）2012 年第 4 期。

146.《由〈全唐诗〉的考察看中唐"列锦"辞格发展演进之状况》，核心期刊《湖南科技大学学报》（社科版）2012 年第 4 期。